フェミニズムに出会って長生きしたくなった。

アルテイシア

幻冬舎文庫

フェミニズムに出会って長生きしたくなった。

はじめに

フェミニズムに出会って長生きしたくなった

「私はフェミニストじゃないけど」と前置きして「でも性差別には反対です」と言う人を見ると「いやそれフェミニストやん？」と思う。そんな私も、かつてはフェミニストと名乗ることに抵抗があった。

フェミニズムを専門的に学んだわけじゃないし、なによりフェミニストと名乗ると引かれたり、ネガティブなレッテル貼りをされるのが嫌だったからだ。

でも45歳のＪＪ（熟女）になった私は「オッス、おらフェミニスト！」と宣言している。

それは、過去の自分がフェミニズムに出会って救われたから。また、ひどいバッシングにも負けず「差別するな！　女にも人権をよこせ！」と闘ってくれた先輩たちのおかげで、今があると思うから。そのバトンを次世代につなぐために、胸を張ってフェミニストと名乗ることに決めたのだ。

現在は愉快なＪＪライフを送る私だが、若い頃は「いつ死んでもいいや」と思っていた。

その理由の一つとして、毒親育ち由来の生きづらさがあった。うちは両親ともに毒親で、両親ともに遺体で発見された（私が殺したわけではない）。詳しくは拙書『離婚しそうな私が結婚を続けている29の理由』に綴っているので、よろしくどうぞ。

子どもの頃から毒毒モンスターにぶん殴られて、自尊心を奪われてきた。そして大人になると男尊女卑にぶん殴られて、自尊心が息してない状態だった。

「女性差別の強い国ほど女性の自己肯定感が低い」というデータがあるが、ジェンダーギャップ指数120位のヘルジャパンでは、女は女というだけでナメられる。若い女は特にべろんべろんにナメられて、セクハラやパワハラの標的にされる。

20代の私は職場でセパ両リーグの標的にされても、自分が悪いと思っていた。「女は笑顔で愛想よく」「セクハラされても笑顔でかわせ」と呪いをかけられて、怒ることは悪いことだと思っていた。

そうして怒りや痛みに蓋をしたまま、自尊心をさらに奪われて、不眠や過食嘔吐に苦しんでいた。当時を振り返ると「終わらない悪夢を見てるようだったよ……」と進撃のユミル顔になる。

そんな私を救ったのが、フェミニズムだった。

アメリカの大学で女性学を学んだ先輩に田嶋陽子さんの本を勧められて、そこからフェミニズムを知っていくうちに、自分を苦しめる呪いの正体がわかった。「私、怒ってよかったんだ」と気づいて「痛いんだよ、足をどけろよ！」と抗議できるようになった。

押し殺していた感情を解放して言葉にすることで、人は生きやすくなるのだ。

その後、30歳の時に作家デビューして、フェミニズムをテーマに書きたいと思ったけれど、当時は書ける場所がなかった。出版社に提案しても「そんなの売れるわけがない」と見向きもされなかった。

そこから15年の月日が流れて、今では「フェミニズムをテーマに書いてほしい」と依頼が来る。

２０１７年にアメリカで＃ＭｅＴｏｏムーブメントが起こって、時代が変わり始めた。日本でも伊藤詩織さん、石川優実さん、フラワーデモ……と多くの女性たちが声を上げ始めた。森前会長の発言に「わきまえてたまるかよ！」と一斉に抗議して、約15万人の署名が集まり、世論と政治を動かした。

一人一人が声を上げることで、社会は変えられる。それをいま世界中の、そして日本の女性たちが証明している。

今までスルーされてきた性差別的な表現が炎上して、燃えるべきものが燃える時代になった。ジェンダー意識が低いと生き残れない、と危機感を抱く企業も増えている。田嶋陽子さんが再評価されて、フェミ系の書籍やコンテンツがヒットしている。

大学生にはジェンダーの授業が大人気らしく、私も「アルさんの文章を読んだことがフェミニズムとの出会いです」と若い人から感想をいただく。「セクハラやパワハラにNOと言えるようになった」「怒るべき時に怒れるようになった」とありがたい言葉をもらうたび、冥途の土産にしよう……と合掌している。

なんでも冥途の土産にしたがるのはＪＪあるあるだが、最近は女友達と集まるとフェミニズムの話になる。「ミソジニー？　それどんな汁物？」みたいに興味がなかった友人もどんどん目覚めていって、この流れは止まらないし、さらに加速していくだろう。

そんな変化を目の当たりにして、いつ死んでもいいと思っていた私が、１００歳まで生きたいと思うようになった。腕白でもいい、長生きしたい。そして変わっていく世界を見てみたい。

長生き願望が爆誕したことで健康にも気をつかうようになり、20代の頃より体調が良くなった。ＪＪは3分前のことを忘れるし、夕方になると目が見えないけど、元気いっぱいに生きている。

このまま順調に加齢していって、公園で太極拳をするおばあさんになりたい。そしていつか田嶋陽子さんにお礼を言いたい。先輩は２００歳まで生きそうなので、ワンチャンあると思う。

田嶋先輩は「私のための、私が生きるためのフェミニズムであって、フェミニズムが先ではないからね」と語っている。その言葉に「わかる‼」と最大の膝パーカッションを贈りたい。

私にとってフェミニズムは、生きるための心の杖だった。フェミニズムに出会ったことで、奪われたものを取り戻すことができた。

そんな心の杖がほしい人、男尊女卑に殴られて傷ついた人に、本書を読んでもらえると嬉しい。また「フェミニズムって難しそうだしよくわからない」という人にも読んでほしい。

私は難しい文章を書けないので、中高生でもサラッとサラサーティに読めると思う。JJ単語がよくわからない時は周りの中年に聞いてほしい。

本書は2019〜2021年に執筆したコラムを一冊にまとめたものだ。フェミニストとして怒ったり笑ったり、JJとして肉体のSF（すこしふしぎ）現象に戸惑ったり、加齢のありがたみを実感したり、そんな日々を綴っている。

人生100年時代、いまやJJになってからが本番といえる。読者の皆さんと一緒に年をとりながら、ヘルジャパンを元気に腕白に生きていきたい。

フェミニズムに出会って長生きしたくなった。　目次

地獄が見える化したクソゲー社会で、ＪＪが後輩のためにできること

（「幻冬舎プラス」２０１９年2月1日掲載。以下同様に明記）

ＪＪ（熟女）は今まで食ったパンの枚数どころか、今朝食ったのがパンか白米かも覚えていないため、イヤなことがあってもすぐ忘れる。この忘却力のおかげで、生きるのが楽になった。

しかしそんなＪＪも「女の生きづらさ」に震える案件が多すぎる、それが俺たちのヘルジャパンだ。

べつに女が肥だめを覗きこんで「クソだー！」と叫んでいるわけじゃなく、道を歩いているだけで頭上からクソが落ちてくる。そんな「アトランチスの謎」のごときクソゲー社会を我々は生きている。

女というだけで入試で減点されて、女は子どもを産むからと就職で差別され、産休

育休を取ってもベビーカーで電車に乗っても迷惑がられる社会で「じゃあ子どもを産まない」と女が選択すると「けしからん、ワガママだ」と責められる。

職場では「女には期待しない」「がんばっても無駄だ」と頭を押さえつけられ、がんばらないと「やっぱり女は仕事ができない」とナメられる。

そんな中、命がけで出産しても「保育園落ちた日本死ね」だし、保育園に入れてもワンオペ育児で死にそうDEATH!!

みたいな地獄に生きる女子はみんな息してるだけで偉い。そんな女子が安らげる場所、愚痴やモヤモヤを吐き出せる場所を作りたい、との思いから「アルテイシアの大人の女子校」という読者コミュニティを作った。

先日はメンバーの1人が掲示板にこんな書き込みをしていた。

〈仕事帰りにバーに寄ったら2人組の男が話しかけてきて、女性差別的な発言をさんざん聞かされました。「女は体を使って稼げるからいいよな」「俺が女だったら風俗で稼いでる」とか。「ほなお前もアナル使えや！」と言い返せなかった自分が悔しくて、家に帰って泣いてます〉

それに対して「そうや、アナルもったいないぞ！」「もったいないぞアナル！」とアナルアナルの合唱コメントがついており、彼女は「みんなが怒ってくれて気持ちが楽になった」と書いていた。

それでも、彼女の受けた傷が消えるわけじゃない。そして、傷ついて泣いているのは彼女だけじゃない。

私もバーで飲んでいる時にイヤな目に遭ったことは何度もある。ある時は店にいた3人組の男が痴漢冤罪の話を始めた。「日本は女尊男卑だ！　おっさん専用車両も作れ！」と彼らは大声で笑っていた。

私はガタッと立ち上がり「公の場で性暴力の話をするのやめませんか？　私も女友達もほぼ全員が幼い頃から痴漢被害に遭ってます。今このお店にいる他の女性客もそうでしょう。ところであなた方は痴漢冤罪被害に遭ったことはあるんですか？」と注意することは、できなかった。

この世界が二次元ならそいつらに酒をぶっかけたり、「汚物は消毒だ〜!!」と燃やすこともできる。でも現実世界では、何をされるかわからない恐怖が先に立つ。

なによりそんな連中と話しても、こっちが傷つくだけなのは目に見えている。「そうか俺が悪かったぜ」とガッチリ握手みたいな展開にはならず、骨折り損のくたびれ儲けになることを経験的に知っている。

だからほとんど飲んでない酒を残したまま勘定して、店を出た。そして家に帰って泣いた。

こちらの意見を真摯に聞いて理解する気のない相手と話しても、疲弊するだけだ。無視することも自分を守るための手段だ。そう頭ではわかっていたが、「泣き寝入り」という言葉が浮かんだ。

その場で何も言えなかったことが悔しかったし、他の女性がまた同じような目に遭うと思うと悲しかった。私にできることは、二度とあの連中に会わないために店に行くのをやめることだけだった。

仕事終わりにお気に入りの店で一杯飲んでくつろぐというささやかな喜びを、なぜ奪われなきゃいけないのか。彼らが一度でも痴漢に遭ったことがあれば、大声であんな話はしないだろう。痛みのない側の人間が傷ついた者をさらに傷つける、なぜそんな理不尽に耐えなきゃいけないのか。なぜ生きているだけでクソを浴びなきゃいけないのか。

「あァァァんまりだァァァァ AHYYY AHYYY AHY WHOOOOOOOHHHHHHHH!!」とエシディシ泣きしてみたが「フー、スッとしたぜ」とはいかず、いまだにめっちゃ悔しい。

そこで「生霊　飛ばし方」でググったら「ペットボトルを使った手軽な飛ばし方」

が出てきたが、その記事には「やりすぎるとあなた自身の生気を削ることになりますので、不調を感じたらただちに中止しましょう」とエクササイズＤＶＤのような注意書きが載っていた。

クソを呪うために生気を削るのはご免だ、というわけでコラムに書いている。その場で声を上げられなくても、ネットで全世界に向けて発信することはできる。ツイッターでバズったらジャスティン・ビーバーやオバマ元大統領に届く可能性もある。声を上げても直接殴られないネットが普及したお陰で、性差別が可視化されて、燃えるべきものが燃える時代になった。

少し前に『ちょうどいいブスのススメ』が炎上して、『人生が楽しくなる幸せの法則』という激烈にダサいタイトルに変更してドラマが放送された。どうせなら『Ｍｉｓｏｇｙｎｙ』とか、おしゃれな横文字のタイトルにすればよかったのに。

当ドラマのコンセプトは、ミソジニー（女性蔑視）をじっくりことこと煮込んだような内容だが、原作の山崎ケイには同情する部分もある。「ちょうどいいブス」はホモソーシャル（同性間の性愛を伴わない結びつきや関係性。主に男性集団に対して使われる言葉）なお笑いの世界を生き延びるための、生存戦略なのだろう。

女に笑いはわからない、男の世界に入ってくるな、と女を排除したがる男芸人の本音は、M－1グランプリ2018終了後の上沼恵美子への暴言に表れている。「オバハンのくせに偉そうにするな」というミソジニーを、あんな大御所ですら浴びせられるのだ。

その根っこの問題を無視して「酒は怖い」「飲んだらSNSをするな」と先輩の男芸人たちはコメントしていた。ちなみに今後もサントリーはM－1のスポンサーにつくのだろうか。ストゼロはすっごく酔えるよ！　という宣伝にはなっただろうが。

山崎ケイは「ブスのくせに調子に乗るな」「身の程をわきまえた、男にとって都合のいいブスなら認めてやる」という男社会の価値観に染まっているのだろう。それで「酔ったらヤレる女」と男にナメられるような「モテる女」を目指そう、それが賢い女の生き方だ、と提唱している。

そりゃ炎上するわいな、という話である。シガー片手に灯油をロックでやるようなものだ。でもそれがわからないぐらい、感覚が麻痺してしまったのだろう。

柳原可奈子も「セクハラされても、自分なら笑いにして返す」と発言していた。すると加害者は相手も笑ってるからオッケーと受け止めて、セクハラは永遠になくならない。そんな古すぎる価値観を見せつけられても、しんどいだけだ。

12年前にデビュー作『59番目のプロポーズ』がドラマ化された際、初稿の脚本がモテないオタク男子を見下して面白がる内容に改悪されていた。私は50代の男性プロデューサーに、この内容ならドラマ化しないと抗議した。なんの力もない新人だったけど、そこだけは譲れなかった。プロデューサーは「気に入らないセリフは削除します」と対応していたが「面倒くさい女だな」と思っているのが丸わかりだった。

結局ドラマはつまらなくて、視聴率もイマイチだった。その後、主演の藤原紀香と陣内智則のあれやこれやがあってドラマの存在は闇に葬られた、永遠にともに。

それ以来テレビの仕事はほぼ断ってきたが、去年『ねほりんぱほりん』の「喪女」回に取材協力した。

番組の放送後、ＮＨＫの女性ディレクターさんから「アルテイシアさんに取材申し込みをした時、一番初めに『女性を見下して面白がる番組には協力しない』とおっしゃったことは、常に胸に刻んでおりました」とメールをもらって嬉しかった。

こんなクソゲー社会でも、小さな希望を感じることはある。「地獄になったんじゃない　元からこの世界は地獄だ」と進撃のアルミンも言っているが、地獄が見える化しただけでも多少はマシになったと言えるだろう。

だが昔よりマシと言われて、若い女の子たちの生きづらさが減るわけじゃない。１人１人が地道に声を上げ続けて、クソゲー社会をアップデートしていくしかない。それがＪＪが後輩たちのためにできることだろう。

20年前に広告会社で働いていた時、私は男性上司から「まんこ」と呼ばれていた。まんこまんこ言われてまんこがゲシュタルト崩壊していたが、「会社ってこういうものなんだな」と思っていた。

また通勤電車で痴漢に精液をかけられた時、男性上司に「顔射されたのか？」とイジられた。今の私だったら鋼の巨人になって自社ビルごとぶっ壊してやる。

一方、20代の私はショックで何も言い返せなかった。二次加害にぶん殴られて「親父にもグレッチでぶたれたことないのに……」とアムロと林檎が混ざるぐらい混乱した。

そんな痛みを知っているから、後輩たちを守らなきゃと思うのだ。年を重ねることに、その思いはどんどん強くなっている。そして「誰かを守りたい」という思いは、人間を強くする。

ＪＪは人類最強の部族「関西のおばちゃん」を目指してがんばるから、若い女の子たちもふんばって。一緒にこの世界を生きやすい場所に変えていこう。

不安定なプレＪＪはサナギの時期、ＪＪへ完全変態するとスッキリする（２０１９年３月１日）

先日、40代の女性編集さんからこんなメールをもらった。

「小学生の娘に二重跳びができないと言われて、じゃあママがお手本を見せてあげる！　と勢いよく跳んだところ、びっくりするぐらい尿漏れしました」

びっくりするぐらいとは、大さじ何杯程度だろうか。お玉で量るレベルだろうか。

そのメールはこう続いていた。

「でも良いこともありまして、若い頃はセックスが痛くてあまり好きじゃなかったのが、最近は痛みを感じなくなり、純粋に楽しめるようになりました」

まさにジョースター卿のアレである。「逆に考えるんだ、尿漏れするからセックスを楽しめるようになったのさ」とポジティブ転換するＪＪ（熟女）力がすばらしい。

ＪＪはあちこちのパッキンが緩むお年頃。私も尻の穴が緩くなった気がしてならない。屁をこくたびに、便が出るんじゃとドキッとする。どという話を同世代の編集さんにしたら「ある意味、羨ましいです」と返された。どういう意味かと聞いてみると「私は逆に便秘気味で、ウンコをきばったら痔になってしまいました。今は仕事仲間に勧められた肛門科に通ってます」とのこと。

我々が20代だったら、仕事仲間に尿漏れや痔の話はできなかったんじゃないか。誰にも言えず1人で悩んでいたかもしれない。それが40代になると「オッス、オラ尿漏れ」「拙者、痔主でござる」と明るく話せるようになる。

ＪＪになると老化に慣れて、多少のことでは動じなくなるからだ。

振り返ると、35歳から40歳までの「プレＪＪ期」は戸惑いが大きかった。肉体の変化に心がついていかず、モヤモヤしていた。若い女の土俵にまだ片足乗っていて、中途半端で不安定な状態だった。そのサナギの時期を抜けてＪＪへ完全変態すると、憑き物が落ちたようにスッキリするのだ。

メタモルフォーゼ前のプレＪＪたちは「あらゆる変化にショックを受けて、心も体も不安定なんですよ〜!!」と訴える。

私も35歳の時、陰毛にキラリと光るものを発見して「これが噂の股白髪……！」と息を呑んだ。プレＪＪ期の最初の1本は衝撃だったが、ＪＪ最盛期の今はカウントできないほど生えているため「レインボーカラーに染めてみっか」と余裕である。ちなみにＶＩＯ脱毛のレーザーは白髪には反応しないので、パイパンにするならお早めに。

プレＪＪの友人は股白髪にショックを受けて、ブラジリアンワックスでパイパンにしたという。すると「新しく生えてきた毛の半分ぐらいが真っ白なんです！　股間に極度のストレスを与えすぎたのかも……」とのこと。「※個人の体験談です」だが、陰毛のマリー・アントワネット現象もあるらしい。

股間より人目につくのは頭部である。プレＪＪたちが集まると「最近白髪が増えてきた」「いつから染めるべき?」という話に必ずなる。白髪は表面に生えるタイプと内側に生えるタイプがあり、場所によっては自分でも気づきにくい。

プレＪＪの友人いわく「彼氏のヒザ枕でイチャついてた時、彼が私の髪をくしゃっとして『すごい……すごいよ白髪!』と息を呑みました」とのこと。

乙女ゲーでおなじみの髪くしゃも、年をとると白髪・薄毛・頭皮のニオイなどが気になってドキドキする。壁ドンで心臓発作といった事故もありうるし、ときめきは二次元で補給するのが安全だ。

私は35歳を過ぎてから「若い子」と言うようになった。「この店、若い子に人気なんだってね」というふうに。つまり自分はもう若い子じゃないと自覚しているわけだが、かといって年寄りでもない。そんな曖昧なポジションに居心地の悪さを感じつつ、焦りや寂しさも感じていた。

それに気づいた時はショックだった。若い時分から「若さ=女の価値」という呪いに反発してきたのに、自分も毒されていたのかと。

「わかります!!」とプレＪＪたちは膝パーカッションする。35歳女子は「数年前まで20代男子に口説かれたのに、今はもう恋愛対象外なんだと気づいた時にショックを受けたんですよ。そうやってショックを受ける自分にもショックを受けました」と語る。

プレＪＪ期は「自分はもう若くない」と冷水をぶっかけられるアイスバケツチャレンジのような日々なのだ。

年齢なんて気にするなという意見もあるが、気にしなさすぎると老ＧＵＹになる。若い女子に優しくされて「俺に気がある？」と勘違いするおじさんになってしまう。「勘違いされたら相手は大迷惑だよな、と私も気を引き締めてます。でもそんな自分に寂しさも感じるんですよね……」と彼女。

私も身に覚えがある。男にモテたいわけじゃないのに、なぜ寂しいと感じるのか？と己と向き合って出た答えは〝郷愁〟だった。「私の若い日々が終わってしまった」

という寂しさ、女子高生を見て「青春時代は二度と戻ってこないんだなあ」と涙が出るアレである。

そんな時は女友達とカラオケに行って、ＳＰＥＥＤの『Ｗｈｉｔｅ　Ｌｏｖｅ』とか合唱してオイオイ泣こう。ちなみに40代の青春ソングはプリプリの『Ｄｉａｍｏｎｄｓ』だ。


老化に不慣れなプレＪＪは戸惑いがちだが、プラスの変化もある。たとえば「圧倒的成長！　と20代はギラついてましたが、今は無理がきかないのでちゃんと休むようになりました」との声が上がった。

ＪＪになると無理が死に直結するので、体をますます労わるようになり、それがメンのヘルスにもつながる。また「とにかく横になりたい」という一心で仕事の効率化を考える。その結果、サステイナブルな働き方が実現するのだ。

靴マニアであだ名がイメルダのプレＪＪは「20代は散財しすぎて貯金ゼロだったけど、ギラついた物欲が落ちつきました。36歳の誕生日は自分へのご褒美に国債を買いました」と話していた。

20代はテストステロンの分泌盛りでギラつきがちだが、プレＪＪになると鎮火してくる。

「男の好みも変わりましたね。20代はギラギラ系に股キュンしてヤリチンにハマったけど、今はカサカサ系に惹かれます」という声も耳にする。そこから「最近、肉より野菜が美味しくて」と穏やかな草食夫と結婚する女子も多い。

このようにプレＪＪの変化にはプラス面もあるので、加齢を恐れすぎないでほしい。

35歳のプレＪＪは「最近どんどん涙もろくなっていて、通りすがりの保育園の見ず知らずの子どもの卒園式を見て号泣しました」と話していたが、ＪＪは会社の後輩の結婚式に行って、親サイドに感情移入して号泣する。

若い子が自分の産んだ子どもに見える現象は、加齢の最大の恩寵である。

今は亡き雑誌『ニキータ』の「コムスメに負けない」というコピーを見て、これって男の発想だよなと思った。少なくとも私の周りには若い女子に競争心を燃やして、青筋立てながら膣トレするＪＪは見当たらない。

私も「アルテイシアの大人の女子校」のメンバーのことがかわいくて、守りたい、幸せになってほしいと思う。また若い男子のイキった言動も20代ならムカついたが、今は「息子よ……」と広い心で受け止められる。

最近は良寛和尚にシンパシーを感じる。彼が童《わらべ》と遊んでいたのも、単にかわいかったからだろう。ただ私は人間の童よりも動物の方がかわいく見えるので、老後は薫尼《くんに》と名乗って、デンデラで保護猫や保護犬を飼いたい。

『世界ネコ歩き』の岩合光昭さんが「お年寄りにとって猫は最高のパートナー」「動作がゆっくり穏やかで、いつも家にいてくれて、生活リズムも一定なリタイア世代こそ、猫にとっても理想の同居人」と語っていた。男にモテなくてもおキャット様にモテるなら、至上の喜びではないか。

私の場合、年をとるごとに外見コンプレックスが減っていった。

若い時ほど他人と自分を比べたし、美人は遠い星の住人のように感じていた。だがＪＪになると美人も老けたり肥えたりして、近所の星に引っ越してくる。

なによりＪＪになると、健康＞＞＞＞＞＞美に優先順位がシフトする。「脚が太い」よりも「ヒザが痛い」の方がＪＪにとっては大問題だ。

「若い頃は楽して痩せたかったけど、今は楽して体力をつけたい」と願うのはＪＪあるあるだ。若い頃の私は体力も運動神経もないことがコンプレックスだったが、ないものは減らないので、年をとっても「こんなもんか」と受け入れられる。

一方、ヤワラちゃん（谷亮子をヤワラちゃんと呼ぶのもＪＪ仕草）は「昔はヒグマを投げられたのに、今はマレーグマしか投げられない」とつらいんじゃないか。そういう意味で、持てる者と持たざる者の溝が埋まるのがＪＪ期かもしれない。

私は人生で一度も二重跳びを跳べたことがないが、「ビュンビュン跳べるけどジャンジャン尿漏れする」という話を聞いて、人類皆姉妹という気分になった。こうしてシスターフッドは強化されていく。

若さを失うのはたしかに寂しい。私もお気に入りのチビT（ＪＪ古語）を二度と着ないのに捨てられない。でも年をとることで、新たに手に入るものもいっぱいあるのだ。

私は「アルテイシアの大人の女子校」を始めたことで、寂しさが減って喜びが増えた。プレＪＪの皆さんも新しいことを始めてみるのがおすすめだ。

先頃、女子校で合唱部を発足することになった。声楽家のＪＪ仲間にレッスンしてもらい、みんなで第九とか合唱して多幸感ホルモンをジャンジャン出したい。メンバーには「私が酸欠で倒れたら介抱してね」とお願いしている。

声楽の発声はアナルに力を入れるので、骨盤底筋も鍛えられるだろう。尿漏れ＆便漏れしないＲＪ（老女）に完全変態するために、部活動に励みたいと思う。

ＪＪの人生は黒歴史の連続！　白歴史だけだと走馬燈の尺が足りない

（２０１９年5月1日）

「先日、わが家で異臭騒動が起きまして」と40代の女性編集さんが話してくれた。夫婦で麻薬探知犬のように捜索したところ、寝室のゴミ箱から使用済みコンドームが見つかったという。ただでさえクサい精液が腐敗すると、麻薬探知犬が気絶するほどの悪臭になる。

食事中に吐いてる方がいたら申し訳ない。白子とか食べてませんように。

その編集さんに「以前も似たような話を聞いた気が？」と言うと「そうなんです。30代の時、引っ越し当日にベッドと壁の隙間から使用済みコンドームが出てきました。手伝いに来ていた母に見つかって、たいそう気まずかったです」とのこと。

人は失敗から学ぶというが、ＪＪ（熟女）になると失敗したことを忘れる。かつクヨクヨと悩み続ける体力もないため、「考えるのをやめた」というカーズ方式を採用するようになる。

そもそも人生は忘れたい記憶や黒歴史の連続であり、白歴史だけだと走馬燈の尺が足りない。またＪＪになると黒歴史を笑い飛ばせるようになり、女子会で盛り上がるネタになる。

よって記憶が消滅する前に、黒歴史を心のアルバムに残しておきたい。以下は小田和正の「ラーラーラーララーラー」をＢＧＭに読んでいただければ幸いだ。

まずは、もっとも正気を失いがちな中学時代。当時の私は「怪我人＝おしゃれ」という思考にとりつかれ、包帯、眼帯、絆創膏などの小物使いで狂気あふれるコーデをしていた。

ＪＪ仲間にヒアリングすると「赤い絵の具で血のりをつけた包帯を巻いていた」「注射器や聴診器で手作りアクセを作っていた」など、ＤＩＹ精神を発揮していた者も多い。

「天使と悪魔の羽をつけるとよくない？」と女友達と盛り上がり、白と黒の布と針金で工作したボロボロの羽を背負って狂気の双子コーデをしていた、という者もいる。

中学生は「天使のような悪魔の笑顔」みたいなやつに、毎晩絶頂に達するお年頃。お母さんは心配するだろうが、つける薬もないのでほっといてあげてほしい。

本人も当時の写真を見返して「どんな顔すればいいのか分からないの」状態になるが、女子会で披露して笑いをとればいいと思う。

中高と女子校に通っていた私は、同級生とギニュー特戦隊のポーズで写真を撮っていた。同じく女子校育ちの友人は「修学旅行の時、友達と赤・青・黄などの服を着て『レッド！　ブルー！』と戦隊ヒーローのポーズを決めて写真を撮った」と語る。「だから修学旅行の間、私はずっと黄色い服を着てたんだよね」とのこと。

男の視線がない女子校ライフは、自由に好き放題やれて楽しかった。女だけの世界では、性別関係なく誰でもヒーローになれた。

とはいえ、私の場合は恋愛に対する憧れもあった。「ピザ屋の彼女になってみたい」的な現実路線ではなく、「BANANAFISHの主要キャラ全員と付き合いたい」と黄金のような夢を抱いて、夢小説を書くことで満たしていた。

現実の私は兵庫県に住む包帯を巻いた中学生だったが、夢小説の私は「NY生まれの凄腕の女暗殺者」として、アッシュやシンやブランカと熱い恋に身を焦がしていたのだ。

狂ってる。と皆さん思うかもしれないが、その時につちかった妄想力のお陰で将来ゲームの脚本を執筆したりと、物書きになる道が開けたとも言える。

ちなみに友人の金田淳子さんは中学時代に異世界ファンタジーBLを書いていて、主人公の美少年の名前が「ソレイユ・ヴァン・コンシェルジュ」だった、という話を聞いて一生分笑った。

別の友人は架空のボーイフレンド、南十字星叶《みなみじゅうじせいと》くんと交換日記をしていたそうだ。「星叶くんは宇宙からの思念体で、なんでもお見通しの存在。私がノートの片面にメッセージを書くと、もう片面に返事を書いてくれるの」という設定で、毎日「今日も星叶くんから返事が……！」と小芝居しながら、左手で返事を書いていたらしい。

そんなある日、勉強机の引き出しの奥に隠していたノートが、机の上に置いてあったそうだ。

こういう時にお母さんは心配すると思うが、そっとしておいてほしい。「あんた宇宙人と付き合ってんの？」とか絶対言わないでほしい。本人もハタチぐらいで見返すと顔が赤銅色になるが、捨てずに保存しておこう。将来不倫とかした時に「この頃はピュアだったのね……」と懐かしく思うはずだ。

中学時代は次元を超えた恋に夢中だったが、高校生になると実在する生命体との恋が始まるかというと、全然始まらなかった。周囲に生身の異性がいなかったからだ。

生身の異性がいないと創作がはかどる。高校時代は銀色夏生が人気で、私もイラストや写真を添えたポエムを創作していたが、その時のペンネームが月遠冷夜《つきとおさや》。いま顔が赤銅色になっているが、俺の考えた最強のペンネームの1つや2つはみんな持っているだろう。

アラサーの女友達は「北欧神話の神の名からとったペンネームで同人誌を書いてました、今もたまにその名前で呼ばれてつらいです」と語る。わかる。中1の時に「私のことはサイファと呼んで」と宣言した同級生は、43歳になってもサイファと呼ばれ続けている。

アラサー世代からは「10代の頃にポエムを綴ったブログを運営してました、今もブログのタイトルを覚えてるけど怖くて検索できません」みたいな話をよく聞く。紙のノートは捨てたり燃やしたりしがちなので、デジタル世代がうらやましい。私も月遠冷夜時代のポエムを読み返して七転八倒したかった。

月遠冷夜は電気グルーヴファンのシノラー少女だったため、CDシングルやホイッスルを首からぶら下げてピーピー吹きながら登校していた。カラス除けに最適だが、もちろん男も寄ってこない。我ながら非モテの才能に溢れている。

当時は彼氏もいないのに、彼氏に贈りたい曲を集めたカセットテープを作っていたが、今の若い子はカセットテープなんて見たことないんじゃないか。テープがゆるむと鉛筆でくるくる回して直すんですよ（ＪＪ豆知識）。

高校時代はエロへの興味も高まるお年頃。アラサー世代は「エロサイトを閲覧して実家のパソコンをウィルス感染させてしまう」があるあるらしいが、紙世代は文字でエロを補給していた。村上龍の『トパーズ』をオカズにした中年は多いだろう。

「官能小説の『腰を振る』という表現を左右に振ると誤解していた」と友人が語って

いたが、私もランバダブームの時に「なるほど、セックスってこうやるのか！」と誤解していた。また男性器は全体に毛が生えて猫のシッポみたいにモフモフだと誤解していた。

そんな私も共学の大学に進んで、実在する生命体に恋をした。恋の教科書が少女漫画だったため、『王家の紋章』のキャロルが看病してモテていたことをヒントに、好きな男の子が風邪をひいた時に家に押しかけて追い返されたりした。

そうこうするうちに、初めての彼氏ができた。バスケサークル帰りの彼氏に「これ持ってて」とバッシュの入った巾着袋を渡されて、これ少女漫画で見たやつ……と胸に抱きしめて「クサ!!」と衝撃を受けた。

その後、初めてのセックスを経験する。チンポはモフモフじゃなくてグロいし精液はクサいし股間は痛いし乙女の幻想が砕け散ったが、「男もセックスも大したもんじゃねえな」と思えたのはよかった。

それから「自分は性欲が強く、酒も強いタイプだ」と気づいた。こう書くと英雄みがあるが、天下統一とかは目指さず、足軽ならぬ尻軽となった（うまいこと言った）。エロと酒は混ぜるな危険で、酔っ払うと金カムのラッコ鍋状態になり、勢いでラブホに行くこともよくあった。

ラブホで相撲をとった翌朝、気まずくて相手が起きる前に帰ろうとしたらパンツがみつからずノーパンで帰宅すること数回。取り組み後は即パンツをはくことをおすすめする。

メンがヘラヘラだった尻軽時代は忘れたい記憶ばかりだが、コラムのネタになったので良しとしよう。黒歴史は恥だが役に立つ。

酒の失敗も売るほどしてきた。泥酔して記憶をなくして「昨日、私大丈夫だった……？」と友人に震えながら電話したことが１３２７回ぐらいあった。

１３２７回失敗しても学ばない自分に呆れるが、最近は「疲れやすい」というＪＪ

力を発揮して、2軒目に行かなくなった。おかげで泥酔する機会が減ったので、加齢の恩寵は大きい。性欲は底つきしたが、酒とは今後もうまく付き合っていきたい。

当コラムの担当さんも酒好きで「赤ワインを大量飲酒した後、新宿の路上で真っ赤なゲロをリバースして通行人を震撼させました」と話していた。

飲酒後に「上から出すか、下から出すか？」という打ち上げ花火的な宗派がある。下から出す派の女子は「泥酔して玄関でおしっこを漏らした時、彼氏が落ち込む私を慰めながら床を拭いてくれた、それが結婚の決め手になった」と振り返る。失禁が決め手になることもあるし、たまには漏らすのもいいだろう。

私は酔っ払って失禁したことはないが、失言は幾度もしてきた。広告会社時代の飲み会で偉そうな男の先輩に「よっ、オランウータン！」と30回ぐらい呼びかけて、翌日恐ろしくて会社を休んだ。

でもそんなのがラブリーに思えるぐらい、ヤバヤバな失敗をしまくっていた。重要書類をなくしたり、プレゼン資料を忘れたり、大切な会議に寝坊したり、出張の新幹線に乗り遅れたり、先輩と営業同行中に爆睡したり……さんざんやらかしてきたけど、私は元気です。

43歳の私はキキの母親より年上であり、この年になると失敗に慣れる。「私、失敗しないんで」と思っているより「私、めっちゃ失敗するんで」と思っている方が気が楽だ。

若い時は「失敗したら人生終わり」みたいに思いがちだが、失敗しても人生は終わらないし、何度でも復活できる。一億総小姑みたいな日本が窮屈だったら、海外に脱出してもいい。私も常春の国マリネラに住みたい。

人生100年時代、年をとればできないことが増えるし、失敗や失禁もするだろう。ちなみに私は40歳の時にウンコを漏らしたが「まあいっか」ですませた。自分の失敗を許せる方が、他人の失敗にも寛容になれるもの。

そんな私の走馬燈のBGMは『言葉にできない』じゃなく『プロジェクトAのテーマ』を選びたい。ジャッキー映画のエンドロールのように失敗シーンやNGシーンが流れたら、最期に笑いながらあの世に旅立つことができるだろう。

ＪＪもアラサーも自虐するより、カッコいい四股名を考えよう

（２０１９年10月1日）

ＪＪ（熟女）が集まると、バスケ漫画ぐらい誰かが故障している。「右の足首が痛い」「左ひざに違和感が」と報告しあうが、筋トレやジョギングをして痛めるケースが多いので、ＪＪの冷や水には注意しよう。

私も今いきなり松葉崩しとかしたら、股関節が外れると思う。ＪＪにぶつかり稽古みたいなセックスも禁物だ。入念にストレッチしたうえで、そろりそろりと行おう。

40代はフィジカルに不調が出てくるお年頃だが、メンタルは絶好調。年をとるとマイナスの変化もあるが、それ以上にプラスの変化が多いことに驚いている。

先日「アルテイシアの大人の女子校」のメンバーとひらパー（枚方《ひらかた》パーク）に遊びに行った。

その時に「絶叫マシーンで絶叫しない自分」を発見した。昔は絶叫マシーンに乗るとギャーギャー叫んだが、43歳の私はヒャッハー!! と両手を挙げて余裕だった。恐怖を感じないのは感情が摩耗したから？ とも思ったが、今でも猫や推しの動画を見ては「尊い……」と涙ぐんでいる。

要するに、JJになっていろんなことが平気になった。若い頃はささいなことで傷ついたが、今は「効かぬのだ!!」と余裕のよっちゃん（JJ古語）なのである。

女は40歳を過ぎるとラオウになる。若い頃は打たれ弱い自分がイヤで、強くなりたいと思っていたけど、気づくと勝手に強くなっていた。

一方、絶叫マシーンどころかブランコで吐くJJもいるので、三半規管の弱い人は注意しよう。

ひらパーではタピオカを誤嚥《ごえん》したり、タピオカをカピパラと言ったりとJJ仕草を見せつけつつ、若いガールズとはしゃぎまくってバスケ漫画ぐらい汗をかいた。そして「行きの電車の中でこんなことがあってねゲホゲホ」と誤嚥しながら話した。

枚方に向かう電車の中で、私の前に小学5年ぐらいの女の子3人組がいて、「推しと親友が溺れていたらどっちを助ける？」と盛り上がっていた。


「えーやっぱ親友かな、推しは結構死んでるし」

「たしかに、死んでも結構復活するし」

「でもガチ恋勢は推しを助けるのかな？」

「あーガチ恋勢はそうかもね。あと推しがナマモノか二次元かにもよるよね」

「たしかに」と私も参加しそうになったが、知らないおばさんが入ってきたら怖すぎるので、笑いをかみ殺しながら聞いていた。電車に乗っているだけでも、この世は面白きことがいっぱいである。


ガールズに「その女の子たちが持っていたグッズに、イケメン警官2人とカワウソっぽいキャラが描いてあった」と話すと「『さらざんまい』ですね！」と即答してくれた。「え、さらざんまいって寿司屋の話じゃないの？」と驚いた私。『将太の寿司』みたいな話だと思っていた。

小学生も社会人も、オタク女子たちはハチャメチャに楽しそうだ。

女子校メンバーもオタク仲間と集まっては、ＤＶＤの上映会を開いたり、応援うちわを作って遠征したり、コミケで二次創作を出品したりと、充実した日々を送っている。

「リア充」はもはや古い言葉だが、ひと昔前は恋人がいることがリア充の証とされていた。彼氏が途切れない女子の中には「特に好きなものもやりたいこともないし、彼氏がいないと退屈で死にそうだから」と話す人も多かった。

一方、周りのオタク女子たちは「好きなものややりたいことが多すぎて、婚活してるヒマなんかない」と語る。同時に「毎日楽しくてハッピーだけど、これでいいのかな？」「恋愛も結婚もしてない自分は欠陥人間かも」とモヤモヤを抱えている。

私から見ると、彼女らは男いらずで楽しくハッピーに生きていける、完全生命体である。そんな彼女らをモヤらせるのは「若い女は恋愛・結婚するのが普通」という旧石器時代から続く価値観だろう。

彼女らは「会社の飲み会で結婚したくないと話すと、同世代は理解してくれるんですよ。でも50代のおじさんからは説教されるんですよね」とうんざりしている。

「恋愛や結婚の話を振られるのがウザくて、飲み会に行かないキャラで通している」「恋愛経験がないことを隠して、エア元彼の設定を作っている」「オタクであることも隠して、趣味は散歩と言い張っている」という女子も多い。

そんなふうに偽らざるをえないのは、外野がやかましいからだ。

サッカーを観るのが好きな女子に「なんで自分はサッカーしないの？」とは聞かな

いだろう。でも男同士の恋愛（BL）を見るのが好きだと話すと「なんで自分は恋愛しないの？」と聞かれたり、推しに夢中だと話すと「現実に彼氏作ったら？」と言われたりする。

もう令和やぞ？　という話だが、アップデートできない勢が「若い女は恋愛するのが自然（そうじゃないのは不自然）」と押しつけてくる。人には様々な事情や生き方やセクシャリティがあるのに「人数が多い方が正しい」「みんな同じになれ」と同調圧力をかけてくるのだ。

「恋愛結婚出産をコンプリートするのが女の幸せ」という呪いがいまだにはびこるヘルジャパンで、女子が生きやすくなってほしい。そんな悲願から、私はモヤる言葉に言い返す方法やヤバい人から身を守る方法など「言葉の護身術」をコラムに書いてきた。それらを一冊にまとめた拙書『モヤる言葉、ヤバい人』をよろしくどうぞ。

本の中では「結婚したいけどモテなくて（笑）」系の自虐はやめよう、と繰り返し書いている。また当熟女コラムでも、自分を卑下するような自虐は書かないようにしている。それは若い世代に呪いをかけたくないからだ。

ババアになったら人生終わり、年をとった女には価値がない。そんな呪いを根絶させたくて「いろいろあるけど、ＪＪはハチャメチャに楽しいよ」とＪＪライフを綴っている。

そんなわけで、先日話題になったつづ井さん（『腐女子のつづ井さん』シリーズ著者）のｎｏｔｅには胸を打たれた。周りの女子たちも「2億%同意です〜〜〜（涙）」と共感と感動の嵐だった。

つづ井さんのｎｏｔｅには「『未婚で』『パートナーがおらず』『恋愛経験が極端に少ない』『女性』であることに関して自虐をするのは、もうやめようか令和、と思った」と書いてある。素晴らしい本文をぜひ読んでほしい。

過去の私も自虐していたが、それはサバイバルの手段だった。女子校から共学の大学に進んだ私は、ミソジニー（女性蔑視）とルッキズム（容姿差別）にぶん殴られた。

今でもよく覚えている。大学入学当初、バイト先の飲み会で異性に免疫ゼロだった私は死ぬほど緊張していた。それでもがんばってしゃべっていたら、男の先輩に「うるせえなブス」「俺こんなブスと飲むのイヤだ、かわいい子連れてきて」と言われた。

43歳の私なら「グレッチを持てー!!」と法螺貝片手に出陣するが、18歳の私はショックで固まってしまった。そして、それ以降は「ひょうきんなブス」として振る舞うようになった。

これ以上傷つくと死んでしまうから、先回りして自虐したのだ。それは「ブスだと自覚しているから、これ以上殴らないで」という自己防衛反応だった。

でも自虐すればするほど「こいつは見下してオッケー」とナメられて、扱いがひどくなった。自尊心をゴリゴリ削られて、私はつづ井さんのように円形脱毛症にはならなかったが、過食嘔吐するようになった。

P98〜99で書いたように、私の母は拒食症が原因で亡くなった。「美しくない女には価値がない」という呪いは人を殺すのだ。

「だったら美しくなって見返せばいい」と言う人もいるが、それはいじめられっ子に「いじめられないよう努力しろ」と言うのと同じだ。変わるべきはいじめる側、差別を容認・助長する社会である。

テレビやメディアには容姿イジリや非モテイジリが溢れていて、それを見た子どもたちは「いじめや差別をしてもオッケー、むしろ笑いがとれる」と刷り込まれるだろう。また「イジられたら自虐で返すのが正解」と学んでしまうだろう。

そんなものに加担したくないから、私はもう自虐はしたくない。「30過ぎた独身女は負け犬」なんて定義ももうなくそうよ令和、と思う。

『負け犬の遠吠え』は「独身女は自虐した方が生きやすい」という趣旨の本だったが、未婚女性が負け犬と揶揄されて、既婚女性と未婚女性の分断をあおる結果になった。なにより、下の世代に「独身女は自虐するべき」と呪いをかけたと思う。

そこからようやく「イジリや自虐はもうやめよう」という風潮に変わってきた。令和は女性が自虐も卑下もしなくていい、堂々と胸を張って生きられる時代になってほしい。

アップデートできない老GUYに「私は負け犬じゃない、彼氏がいなくても幸せだ」と理解してもらう必要はない。そこで「またまた強がっちゃって（ドッ！）」とか返されたら、グレッチが火を吹くだろう。グレッチって火を吹くのかな？

ヘルジャパンでは「独身だと老後が孤独で寂しい」と脅してくる人も多い。でも実際はそういうウザいこと言う人の方が嫌われて、孤独なのだ。自分が寂しいから「お前もそうなるぞ」と脅してくる人のことは「可哀想に、私は友達がいてよかったな」と憐れんであげよう。

完全生命体タイプの女子もアラサー期はモヤモヤと悩むもの。同世代が結婚・出産していくし、結婚は？　出産は？　と周りにやいやい言われるし、「私このままでいいのかな？」と迷って当然である。

だが、それも35歳前後で落ち着いてくる。自分の向き不向きがわかって「私はこういう生き方が向いてるな」とソフトランディングしていく。それに周りもやいやい言わなくなって、40歳を過ぎると本当に何も言われない。40代シングルの友人たちは「周りがほっといてくれるし、好きにやらせろ精神で生きていけるし、今が一番楽しくてハッピー！」とＪＪライフを謳歌している。

そんな彼女らに共通するのは、経済的に自立していることと、気の合う女友達がいることだ。

「友もいらぬ、我、孤独を愛する」というタイプもいて、中二病の私は痺れて憧れるが、やっぱり多くの人は「自由は愛するけど孤独はつらい」「気の合う友達はほしい」と思うもの。

女子が気の合う友達に出会える場所を作りたくて、私は大人の女子校を始めた。

女の方が長寿なため、最後はみんなシングルになる可能性が高い。だから「未婚既婚、子持ち子ナシを問わず、みんなで年をとっていこう」とメンバーと話している。そして、老後は女たちが暮らすデンデラを作ろうと。

また、病気・事故・入院・震災などの際に希望者同士で支え合える「大人の互助会LINEグループ」も発足した。いずれ高齢化が進めば、丸一日ログインしていなければ安否確認するといったシステムも導入したい。

メンバーからは「死後の遺品整理もお願いしたい」との声があがった。推しの円盤は誰それに渡してほしい、薄い本はデンデラの図書館に寄贈したい、など故人の希望を叶えたいと思う。

子どものいない私は遺産をデンデラに寄付したい。そのために弁護士の女友達に遺言状の作成を依頼して……と死に支度を始めるのもJJあるあるだが、RJ（老女）期も女同士でキャッキャウフフと過ごしたい。

「ＲＪになっても推しやカップリングについて語りたいです」「解釈違いがあったら、つづ井さんみたいに相撲で決着をつけましょう」と未来予想図を描くオタク女子たち。ＲＪが相撲をとると『ああ播磨灘』以上に故障者が出そうなので、入念にストレッチを行いたい。

令和は「毎日生きるのが楽しい〜！　ピッピロピ〜〜」と女性たちがのびのび言える時代になってほしい。だから自虐するよりも、カッコいい四股名を考えようぜ！　とシコを踏むＪＪなのであった。どすこい。

「おっぱい大きいねー！」と言った彼にJJコラムを読んでほしい

（2019年11月1日）

乳はしぼむのに背中には脂肪がのって、ブラのアンダーがきつくなる。これもJJ（熟女）のSF（すこしふしぎ）現象だ。

脂肪が多いと飢饉に強い、水に浮くなどのメリットがあるが、ブラが合わないのはしんどい。よって「40歳を過ぎてブラを全部買い替えた」「私はもうブラジャーはしんどくて無理、ブラトップを愛用中」「そのうち腕が後ろに回らなくなってフロントホックになるかもな？」と下着トークで盛り上がる。

子持ちのJJたちは「授乳後、乳がしぼんで消滅した」「私はしぼまなかったけど、乳輪の面積拡大がすごい」「陥没乳首だったけど、赤子に吸われまくって乳首が出現した」など、知らない世界の話を教えてくれる。

そのうちの1人から「授乳中、乳首が十字に裂けた」と聞いて「十字に！　ヒイッ」と震えあがった。赤ちゃんが乳首を吸う強さは、マックシェイクを吸えるほどの馬力らしい。それで1日何度も吸われたら十字に裂けもするだろう。

彼女は血のにじむ乳首を吸われるたび、ヤスリでこすられるような激痛だったらしく、後輩妊婦に「妊娠中に乳首マッサージした方がいいよ!!」と力説していた。

また「母乳を出すためのおっぱいマッサージが死ぬほど痛かった」「全力でガシガシ揉まれて気絶するかと思った」といった話もよく聞く。

ひょっとすると男性の多くはお忘れかもしれないが、女性の乳房&乳首は赤ちゃんを育てるための大切な部品なのだ。男性陣も金玉を全力でガシガシ揉まれたり、亀頭が十字に裂けたりすれば「こんなに大変なのか……」と実感できるかもしれない。

女子校時代、同級生たちと乳輪の直径を定規で測って面積を求めたことがある。なぜそんなことをしたかというと「なんか面白そうだったから」。実際みんなでゲラゲラ笑って盛り上がった。

男の存在しない世界では、乳はエロいものじゃなく、単なる体の部品だった。女子校では「女生徒」じゃなく「生徒」と呼ばれて、「女」じゃなく「人間」として生きられた。

「貧乳女子が巨乳女子をやっかむ」みたいなやつは二次元オンリーの話であり、私も現実でそんな目に遭ったことは一度もない。現実世界では、男にイジられることが圧倒的に多かった。

初対面の男に「すごい迫力だね（笑）」「目のやり場に困る（笑）」と言われたり「胸を強調してるの？」と聞かれたり。鼻の大きい人に向かって「鼻を強調してるの？」とは聞かないだろう。

あまりにもそんなことが多すぎて、「巨乳を見せつけてるの？」とイジってきた男に「私が見せてるんじゃなく、お前が見てるんだろう！」とキレたこともある。目のやり場に困るなら自分の目を潰せばいい、北斗の拳のシュウをお手本にして。

小学生の頃から通りすがりのおっさんに「おっぱいおっきいね！」とからかわれたり、すれ違いざまに触られたり、電車内で盗撮されたりと、何度も被害に遭ってきた。そのたびに怖かったし傷ついたが、あまりに被害に遭いすぎて、自分でも感覚が麻痺していたと思う。というか、麻痺させないと生きられなかったのだ。

そのため20代は巨乳イジリされても笑いで返していたが、それだとセクハラは永遠になくならない。よって他の女性たちのためにも「あまり私を怒らせない方がいい」とプーチン顔をキメることにした。

先日、広告会社時代の同期会が東京で開かれた。神戸在住の私は仕事の出張をからめて、その会に参加した。そこで20年ぶりに再会した男子たちの第一声が「相変わらずおっぱい大きいねー！」「エロい体してるな〜、俺全然イケるわ（笑）」だった。

それを聞いて、新幹線じゃなくタイムマシンで来たんだっけ？　と思った。そして、とっさにプーチン顔ってできないものだなと実感した。

わが家には「いつも心にプーチンを」と女友達がくれたロシア土産のマグカップがあるので、それを見て練習したいと思う。

20年ぶりに会った彼らのセクハラおじさん仕草に面食らって「お、おう」的なリアクションしかできなかった私。

何より恐ろしいのが、彼らは普通のいい人なのだ。普段は常識があって気づかいもできるし、「娘が中学生になったんだよ〜」と話す子煩悩なパパでもある。そんな人が平気でセクハラをする、というかそれがセクハラだと気づかない。もし私がプーチン顔をしたら「褒めたのになんで？？」と彼らはアホになるのだろう。

その顔を「違う、そうじゃない♪」と歌いながらビンタしたいが、ビンタせず冷静に「もう令和やぞ？　その感覚はヤバいぞ」と説明しても「なんかキャラ変わった？？」と彼らは戸惑うのだろう。

そして「面倒くさいフェミニストのおばさんになったな」と内心思うのだろう。自分がアップデートできないおじさんだとは気づかずに。

普通の男性の感覚が麻痺している、それがヘルジャパンの正体なのだ。

公の場で女の体をエロいもの＝性的対象物として扱っていい、それが「普通」。女の体について男があれこれ品評する、それが「普通」。女は男にヤれる女認定されると喜ぶ、それが「普通」。そんな価値観が普通の日常の中に溢れていて、それが異常なことだと気づけない。

そんな男ばかりじゃない、と男性陣は言いたいだろう。でも20年ぶりに再会して「相変わらずチンポ大きいねー！」と言う女子はいないだろう。チンポは目視できないけど「エロい体してるね〜、私全然イケるわ（笑）」とからかう女子もいないだろう。そんなことしたら周りはドン引きして、ヤバい女認定されるだろう。

一方、それが男だと普通のコミュニケーションとして認識される。巨根イジリする女はアウトだけど、巨乳イジリする男はオッケー。

その同期会でも周りはみんな彼らの発言をスルーしていた。私だけがドン引きして「彼らにとって、世界はキャバクラなんだな」と思っていた。

彼らは「もう、のび太さんのエッチ」的なリアクションを期待したのだろうが、私はしずかちゃんじゃないし、ここはキャバクラじゃない。20代の私は無意識に無料サービスをしていたが、今はもう令和なんやぞ。

だから「絶対に乗ってたまるかよ」と真顔を貫いた。そして盛大にモヤりつつも「よかった、私、アップデートできてる」と安心もしていた。

九九でいうと一の段だが、思うのと言うのは違う。「エロい」「ヤれる」と思うのは自由だが、「エロい」「ヤれる」と本人に言うのはセクハラだ。「コンプラ棒で殴られる」という言葉があるが、殴られているのはこっちである。

ネットでは「巨乳＝悪だとフェミどもが騒いでやがるぜ、ヒャッハー!!」とアホ軍団が騒いでいるが、フェミニストは公共の場で女性を性的対象物として扱うことを批判しているのだ。それが普通に溢れている環境が感覚を麻痺させて、セクハラや性差別を容認・助長しているから。そんな感覚を次世代につなげないために、声を上げているのだ。

みたいな九九でいうと一の段をいちいち説明するのもダルすぎるが、説明してもわからないアホが多くてヘルすぎる。

ネットで女叩きするのが趣味のアホ軍団はほっといて、普段はまともなのにセクハラや性差別の話になるとアホになる男性たち、彼らはなぜ理解できないかというと、男女で見えている世界が違うからだろう。

女友達が夫に「あなたと2人でタクシーに乗った時は運転手さんは敬語で話すでしょ？　でも私1人の時はタメ口で話すのよ」と言うと「えっ、どういうこと？？」とキョトンとされたという。

タクシーでも銀行でも不動産屋でも、男性といる時と自分1人の時とでは接客態度が違う。それは多くの女性が経験していることだ。

タクシーの運転手から「こんな時間まで飲み歩いて、男に襲われても文句言えないよ！」と言われた女友達もいる。私も「こんな色っぽいお姉ちゃん乗せられてラッキーやわ」と言われた時、曖昧な笑顔で返した。後部座席でそっとウンコを漏らしたかったが、そう自在に漏らせるものでもない。

そこでプーチン顔をしたら「愛想のない女だな」と嫌がらせされるかもしれない。車という密室で何かされたら怖いから、反射的に笑顔で返す。そして車を降りた後に「チリ紙とか飴ちゃんとかいらないから、人間扱いしてくれよ……」と疲弊するのだ。

タクシーに乗るだけでもセクハラされる、そんな世界に住む我々の言葉は彼らには届かないのかもな……と疲弊しながら、タイムマシンじゃなくのぞみに乗って神戸に帰った。

彼らも同期会でつい気が緩んでいたのかもしれない。でも職場で女性の部下が「おっぱい大きいねー！」と言われていたら「それはセクハラだからやめろ」と注意できるのか？　女性の部下からセクハラ相談されたら「酒の席の軽い冗談」「いちいち騒がなくても」と思ってしまうんじゃないか。

広告業界で働く彼らは、昨今の炎上広告についても「いちいち騒がなくても」と思っているのかもしれない。でもそれらは全てのセクハラや性差別と地続きなのだ。女性を性的対象物として扱うことが「普通」の社会が、彼らの娘を含む女性たちを苦しめている。

彼らは「アルちゃん作家してるんだってね、今度コラム読むよ」と言ってくれたので、このコラムをぜひ読んでほしい。私の言葉はほんの少しでも彼らに届くのか？それとも「俺をセクハラおじさん扱いしやがって」と怒って、Ｆａｃｅｂｏｏｋの友達を外すのか。

それでも全然かまわない。彼らにとっては昔の私の方がよかっただろう、無料キャバ嬢をやっていた頃の私の方が。

でも私は昔の自分に戻りたくない。当時は感覚が麻痺していて、セクハラや性差別に無意識に加担していた。自分も加害者だった反省があるからこそ、声を上げなきゃと思うのだ。そのためにアップデートを怠ってはいけないと。なんなら背中に「悪腐出笑闘」と彫りたい、脂肪がのっているので余裕で彫れる。

私は男に好かれる無料キャバ嬢よりも、男に嫌われるフェミニストを選ぶ。この世からあらゆる差別やハラスメントをなくしたいから。あらゆる差別やハラスメントを許さないのがフェミニストだと思うから。

私は子どもの頃から差別やいじめが嫌いだったが、思春期をリベラルな女子校で過ごした影響は大きいと思う。プロテスタント系の学校で「自分を愛するように隣人を愛せよ」精神を叩きこまれて「世の中、支え合いが基本やで」と自然に思うようになった。

そして「女」じゃなく「人間」として生きられる自由を知った。その後、壁の外に出たら男尊女卑にぶん殴られて「この世界は地獄だ」とアルミンの顔になった。

だけど、その地獄で仲間ができた。フェミニストの女性たちとつながって、シスターフッドの強さと優しさを知った。今の私には愉快な仲間がいるから、男に嫌われても屁でもない。颯爽と屁をぶっこきながら、男尊女卑をぶっ壊すために戦っている。

最後に、今も戦っている友人へ、私はあなたと共にいる。

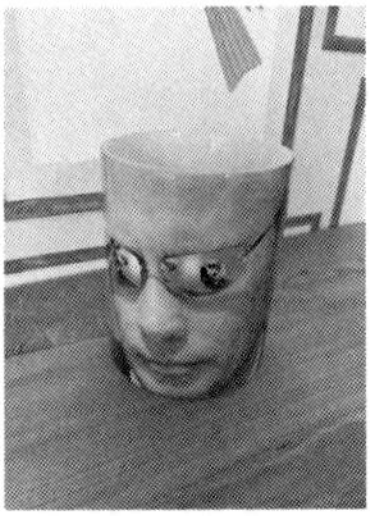

友人土産のプーチン顔マグカップ

俺のフェミニズムと、ＪＪがジャンプに聞きたいこと（２０１９年11月29日）

目がめっちゃかすむ、これもＪＪ（熟女）会でホットな話題だ。「夕方になると目が見えない」「わかる！　鳥にシンパシーを感じる」と話していると、医者のＪＪ仲間から「とにかく目を休めるのが一番」と言われたので、執筆の合間に六甲山を眺めている。

かつ、眼精疲労に効くツボも押している。前にテンガさんからサンプルでもらったＶＩ－ＢＯ（バイボ）を使って。ただし素人はうっかり秘孔を突かないように注意しよう。児鳩胸（目の遠近感を失わせる秘孔）や瞳明（目玉が裏返る秘孔）を突くと逆効果になる。

最近、若い女子から「ツイッターを見るのがしんどくて控えてるんです」とよく聞く。「わかる！　目がかすむもんね」と言うと「いやじゃなくて、私自身はフェミニストだけど、フェミ系の話題を見るのがしんどくて」とのこと。

その気持ちもよくわかる。女性が性差別について声を上げられるようになったのは、ツイッターのような声を上げても直接殴られない場所ができたからだ。それ自体はすばらしいことだが、疲弊している女子が多いのも事実。

フェミニズムの議論が活発になると、さまざまな意見が可視化される。リアルなら絶対からまないようなミソジニーGUYのクソリプも目に入ってしまう。また「えっ、この人こんなこと言っちゃう人だったの？」とショックを受けることもある。「推しが性差別的なツイートをしていて、1週間ほど寝込みました」と息も絶え絶えな女子もいた。

私も昔の友人が「私はハイヒールもメイクも好きだから、それを否定するフェミニストが嫌い」とツイートしていて「違う違う、そうじゃ、そうじゃなーい、ブオオーー！」と脳内で法螺貝を吹いた。

フェミニズムは「女は〇〇すべき」「××すべきじゃない」と押しつけるものではない。むしろまったく逆で、したい人はして、したくない人はしなくていい社会。誰からも強制や抑圧をされず、それぞれの女性が自由に選択できる社会を目指すものだ。

#ＫｕＴｏｏの石川優実さんは「職場でのヒールの強制に反対しているのであって、ヒールを履く女性を否定しているわけじゃない」と8万回は説明してきただろう。「私はヒールを履きたいしメイクをしたい」という女性がいたら「ご自由にどーぞどーぞ！」とダチョウ倶楽部になるのがフェミニストである。

そして「ハイヒールもメイクも好きじゃない」という女性が生きづらいのが、ヘルジャパンの現状である。そんな彼女らが「女子力が低い」「そんなんじゃモテないぞ(ドッ！)」と否定されて傷つく、そんな不自由な社会を変えたい。すべての女性が好きな生き方を選べる自由を！　ブオオーー！

本格的に法螺貝が欲しくなってきたので、アマゾンで調べたら4万9500円もした。法螺貝ってこんなに高いんだ……という気づき。いくつになっても人生は発見の連続、しゃかりきコロンブスである。

エア法螺貝片手に続けると、うちの夫はフェミニズムのフェの字も知らないが、#KuTooの説明をしたら「俺も男がスーツ着なくていいように運動しよかな」と言っていた。

「さすが貴様！　そういうとこやぞ！」と褒めたらキョトンとしていたが、そういう人だから結婚したのだ。「男だってスーツにネクタイで我慢してるんだ、女だって我慢しろ！」とクソリプするような奴だったら離婚している。

年貢に苦しむ農民同士で「オラの方が苦しい、おめえずるいぞ！」と殴り合って何になる。自分たちを苦しめるルールを作ったのは誰なのか、それで利益を得ているのは誰なのか。真の敵を見極めたうえで一揆を起こすべきじゃないのか。オラたちみんなが生きやすい社会を実現するために、ブオオーー！

こうして私は元気はつらつ法螺貝を吹いているが、フェミニストが元気玉を維持するコツは「俺のフェミニズムはこうだ！」と自分のスタンスを明確にすることだろう。フェミニストにもいろんな意見があるが、自分のスタンスが明確であれば「オッス、おらフェミニスト！」と胸を張って生きられる。

私のフェミニズムは「性差別を含む全ての差別をなくしたい」「大人の責任を果たしたい」というシンプルなものだ。

フェミニスト＝男嫌いと誤解されがちだが、私は「男」じゃなく「性差別」を憎んでいる。性差別や性暴力に加担する人々が許せない。そこがハッキリしていれば、ミサンドリー（男性嫌悪）に陥らずにすむ。また私の考える大人の責任とは、次世代に差別のない社会、より良い社会を引き継ぐことだ。

ヒストリーチャンネルでアメコミヒーローの歴史に関するドキュメンタリーを見た。

その番組では、ヒーローが時代に合わせて変化してきた歴史を描いていた。

１９６０年代は公民権運動が広がるアメリカに、黒人のヒーローであるブラックパンサーとファルコンが誕生した。１９７０年代は『Ｘ－ＭＥＮ』初の黒人かつ女性のリーダー、ストームが誕生した。彼女の登場は「リーダーは白人の男性」というこれまでの常識を覆した。

また「職場の花」的なお飾りキャラだったジーン・グレイを、フェニックスという最強の女性ヒーローに進化させた。「女と男は対等に仕事をする同志である」と世界に示したのだ。

そして21世紀に入ると、9・11以降イスラム系の人々に対する差別やヘイトが拡大する中、新時代のヒーローが誕生した。16歳のパキスタン系アメリカ人の少女、ミズ・マーベルだ。

初のイスラム系ヒーローの物語は全世代の男女に支持されて、ベストセラーになる。

サンフランシスコのバスに貼られたヘイト広告を、市民が「言論の自由を差別に利用するな」というメッセージと共に、ミズ・マーベルの絵で隠すというニュースもあった。こうして彼女は差別やヘイトと戦う人々の象徴になった。

という番組を見ながら、ＪＪは感極まって貝を吹いた。これが大人の責任だろう、ジャンプもがんばってくれよな、ブオオーー！

少年ジャンプの作品の中で、性暴力やセクハラや同意のない性的接触をエロやギャグとして描く表現等が問題視されて、何度か炎上している。

私は幼い頃からジャンプを読んで育った者として、編集部の皆さんに聞きたい。

セクハラやラッキースケベ的なエロシーンって、本当に必要ですか？　エロを出せば売れるって、読者をナメてませんか？　エロがないと売れないのか、ちゃんと検証したことはあるんですか？

私が小学生の時から亀仙人のパフパフやブルマのポロリがあったけど、「あれがあったからドラゴンボールは売れた」とか言ったら鳥山先生も怒りませんか？　それって作者に対しても失礼じゃないですか？

「ジャンプは少年のための雑誌」と言うけれど、本気で少年たちのこと考えてます？　性暴力をエロやギャグとして描く影響について、本気で考えたことありますか？

「修学旅行で女風呂を覗いた」とか笑い話として語る男性は多いけど、現実に男子学生が女風呂を覗いて逮捕されて退学になってますよね？

そういうニュースを見た時、何を思うんですか？　被害者の気持ちを考えたことありますか？　少年も少女も守ること、被害者にも加害者にもならないようにすること、それが大人の責任じゃないんですか？

誤解しないでくださいね、私は「規制しろ」ではなく「本気で考えてほしい」と言ってます。これはメディアの規制ではなく、メディアの責任の話です。あともちろんご存じだと思いますが、表現の自由は批判されない権利じゃないです。

編集部の中にも、変わらなきゃという意見はあるのでしょう。最近はジェンダー意識の優れた作品も増えてますよね。でもいまだに「まだこれやっちゃうの？」と白目になることも多いです。ネットで炎上案件を見るたび「変わらないな」とガッカリします。

変わるのは勇気がいるし、カーズ様のように思考停止した方が楽でしょう。でも人間讃歌は勇気の讃歌、諦めたらそこで試合終了だってばよ。

私はミズ・マーベルのような新時代のヒーロー、次世代のためにアップデートしたジャンプを見たいです。

以上をアンケートハガキに書いて送ったら、編集者は読んでくれるだろうか？　読まずにシュレッダー行きだろうか。

先日、30年来のジャンプ愛読者の友人に会った。彼女は「私はジャンプ漫画大好きなオタクだから、最近の炎上を見ていると複雑でつらいです」と言って、しばらく黙ってから話し始めた。

「小学生の時に『まいっちんぐマチコ先生』の再放送をやってて、スカートめくりが流行ってたんですよ。スカートをめくられて泣いてる女子もいて、私は友達を守らなきゃと思って男子と戦ってたんですね」

「そしたらある日、男子6人に組み伏せられて、両手両足を押さえられて、下着まで下ろされたんです。もがけばもがくほど『見える見えるー！』とはやし立てられて。私は恐怖で泣くことしかできませんでした」

「このことは親にも誰にも話せなかったけど、この前、夫に話そうとしたんです。何十年も前のことだし大丈夫だと思ってたけど、いざ話そうとしたら心臓がバクバクして体が震えてパニック発作みたいになりました。夫は何も聞かずにハグしてくれて、なんとかおさまりましたけど」

話しながら彼女は泣いていて、私も泣いてしまった。「絶対誰にも言わないから」と手を握ると「いえ、よかったらコラムに書いてください。私みたいな被害に遭う子を減らしたいから」と言われた。

マーベルヒーローの『スパイダーマン』に有名なセリフがある。「Remember, with great power comes great responsibility」（忘れるな。大いなる力には、大いなる責任が伴う）

「地獄のような未来はもうたくさんだ」とトランクスも言っている。私も目がかすむＪＪだけど、未来を地獄にしないために声を上げ続ける。アルテイシアは死んでも法螺貝を離しませんでしたの覚悟で。

俺たちの戦いはまだ始まったばかりだ！　ブオオーー！（未完）

自殺した父とキンプリに思いをはせるＪＪの冬（２０２０年1月1日）

乾燥しがちな日本の冬、皆さんいかがお過ごしですか？

ＪＪ（熟女）は全身が乾きがちなお年頃。小陰唇まで乾燥してかゆくなるので、風呂上がりに股間に化粧水を塗り、寝室の畳が腐るぐらい加湿器をかけている。「私はマスクをして寝てるよ、一生消えないぐらいゴムの跡がつくけど」と工夫をこらすＪＪ仲間たち。

そうやって喉を保護しても、ＪＪ会の翌日はガサガサになる。しゃべりすぎ&笑いすぎで、おまけに誤嚥もするからだ。けれども気分は爽快で「女に生まれてよかった……！」と天龍源一郎ボイスで寿《ことほ》いでいる。

ジェンダーギャップ指数１２１位のヘルジャパンでは、女の生きづらさを日々実感する。でも「男になりたいか？」と聞かれたら「だが断る」と岸辺露伴顔で即答する。

「わかります！　やっぱ女子会は最高に楽しいし、女はおしゃべりでストレス発散できますよね」と若いガールズも同意する。

子持ちの20代女子は産後鬱になりかけた時、地元の赤ちゃんサロンで産後のママたちとおしゃべりすることで救われたという。「ドッ！　と笑いが起きた瞬間、みんな一斉に尿漏れしてました」と振り返る彼女。

「なぜ男はキャバクラに行くのか？」と男性陣に聞くと「男同士だと会話がもたないから」との声が寄せられる。

一方、私はホストクラブに行きたくない。ホスト系よりマタギ系の源次郎が好みなのもあるが、見ず知らずの男と話すより、女子会の方が2億倍楽しいと思うから。

女性陣に「女同士でホストクラブに行きたいか？」と聞くと「全然！　せっかく女同士で盛り上がってるのに、男がいたら邪魔じゃないですか」との声が寄せられた。

私も男に邪魔されず、女だけで安心して話せる場所を作りたくて「アルテイシアの大人の女子校」を始めた。オフ会では何時間も話が尽きないし、みんなで悩みや本音を吐き出してスッキリしている。

広告会社時代の飲み会で、悩みを抱える後輩男子に「落ち込むな、まあ飲め！」と先輩男子が酒を注ぐ場面を見て「ちゃんと話を聞いたれよ」と思っていた。挙句「よし、風俗でも行くか！」と誘う場面を見て「女に生まれてよかった……！」と嚙みしめていた私。

女同士は悩みを打ち明け合い、「わかる」「つらいよね」と理解・共感し合うことで癒される。男性がその手のコミュニケーションが苦手なのは、「男は弱音を吐くな」「弱みを見せるな」「男の愚痴はみっともない」的なジェンダーの呪いがあるからだろう。

そんな男らしさの呪いがつらければ、当事者である男性が「つらい」と声を上げればいい。女は女の生きづらさを解消するために、声を上げて戦っているのだから。

おまけに、女が声を上げるとバチボコに叩かれる。女が性差別や性暴力をやめろと訴えると、バッシングや二次加害にぶん殴られる。それで「男だってつらいんだ」と言われても「知らんがな、お前もがんばれよ」と言いたくなるし、「だから女も我慢しろ」と言われたら「アホ抜かせ」と浪速のプーチン顔になる。

女は女の戦いに忙しいのだから、男のために戦えなんて都合のいいこと言うんじゃない。世界を変えたければ、まずは自分が動け。少女が世界を救う系の物語はフィクションだし、私は少女じゃなくゴリゴリの熟女だ。

とはいえ、気の毒な面もあるなと同情はしている。

去年うちの父が自殺した時、元部下の男性が「社長は誰よりも強い男でした……」

と語るのを聞いて「だから父は死んだのかもな」と思った。男は強くあらねばと強がって、他人に弱音を吐いたり、助けを求めたりできなかったのだろうと。

男らしさの呪いのせいで自殺したなら、気の毒だとは思う。でも呪いをかけたのは私じゃないので、私が犠牲になるのはお門違いだ。私は暴君の父にずっと苦しめられてきたし、5千万の借金を背負わされたことは末代まで呪ってやる。詳細は『離婚しそうな私が結婚を続けている29の理由』に綴っているので、よろしくどうぞ。

昭和生まれのＪＪは、山一證券の社長の会見を見て「おじさんがむっさ泣いとる」と衝撃を受けた。また元兵庫県議員の号泣会見を見て「エシディシみてえだな」とびっくりした。

まああれは嘘泣きなんだろうが、男性も「男のくせに泣くな」なんて呪いに囚われず「AHYYY AHYYY AHY WHOOOOOOHHHHHHH!!」とギャン泣きすればいい。それでスッキリすれば、他人にストレスをぶつけずにすむんじゃないか。

「女は感情的」というディスがあるが、駅員さんや店員さんに大声でキレまくっているのは大抵おじさんやおじいさんだ。ぶつかりおじさんもストレス発散のためにぶつかってくるのだろう。反社の人とかにぶつかればいいと思うが、彼らが女や子どもを狙ってぶつかるのは、弱い者いじめである。

校則の厳しい学校ほどいじめが多い、という研究結果がある。ストレスの強い環境下では、弱い立場の者がそのはけ口にされる。これはパワハラやＤＶや虐待も同じだろう。

また、体罰を禁じることで若者の暴力性が劇的に減少することも調査でわかっている。人は自分の人権を尊重されないと、他人の人権を尊重できない。そして自分の感情を大切にしないと、他人の感情も大切にできない。

私はアンチフェミからのクソリプを「てめえらのストレス発散に付き合ってやる暇はねえ」と無視している。ツイッターを見すぎると目がかすむのも理由である。

そんなかすみ目のＪＪから提案だが、アンチフェミの皆さんは「つらい、寂しい、悲しい」とつぶやくサブ垢を作るといい。素直な感情を言葉にすれば、共感してくれる仲間もできるだろう。男友達を作ったら、寂しさや孤独が減るんじゃないかな。

「弱い者達が夕暮れ　さらに弱い者をたたく」とブルーハーツが歌っていたが、ＪＪは夕暮れになると目が見えない。ともあれ自分の弱さを素直に認めれば、父のように自殺せずにすむんじゃないか。

以上が俺からの手向けの言葉なので、がんばって生きてくれよな！

優しさを発揮したところで、女の話に戻ろう。女同士はおしゃべりするだけでも楽しいが、イベントをするのも楽しい。先日は大人の女子校メンバーとキノコ狩り遠足に出かけた。

みんなでキノコを狩りまくり、椎茸をくわえてＳＮＯＷ風の写真を撮った後は、バーベキューを楽しんだ。その時に「菌類＆プリンス（キンプリ）」なるアイデアが爆誕した。

菌類&プリンスは、キノコを擬人化した乙女ゲーである。「ベニテングタケ先輩は痺れる色気のドSキャラで、近寄ると呼吸困難になる」「CVは津田健次郎さんですね！」とみんなでキャラ設定を考えた。

トリュフ先輩はお金持ちでペットの豚を連れている、エノキ先輩は貧乏で痩せている、マイタケくんは雪国出身で天然パーマ……と次々アイデアが飛び出して、「攻めっぽいキャラが多いよね、受けっぽいキャラもいた方がよくない？」と私が提案すると「受けっぽいキャラですか……あ、なめこ！　ヌルヌルしてるから！」

すると別の女子がスマホでキノコ図鑑を検索して「なめこにそっくりなコレラタケという毒キノコがあるそうです、この2人で双子設定はどうでしょう？」「え、ヤバい、天才じゃない？」と企画会議は白熱した。

「キンプリのアイデアを売り込みましょう！　幻冬舎はどうですか？」「メディアミ

ックスで一攫千金を狙って、老後のデンデラ資金にしましょう」「みんなで暮らすキノコ御殿を建てたいですね」と夢は膨らみ、ワライタケでも食ったみたいに爆笑した。たぶん数名は尿漏れしていただろう。

そして「やっぱり自分は女子校が向いてるな」と実感した。中高時代もみんなで校庭の柿をもいで食べながら、俺の考えた最強の萌えキャラをプレゼンし合っていた。

毒親育ちの私にとっては、学校が避難所みたいなものだった。校則も制服もない学校で、シノラー少女だった私はチンドン屋みたいなファッションで登校していたが、女子校では浮かなかった。優等生もギャルも体育会系もオタクも、それぞれ好きな服を着ていたからだ。

私の親友は春夏秋冬いつもジャージを着ていた。真冬でも少しも寒くないわ状態だったらしいが、「今は普通に寒いし尿漏れも心配」と40代になった彼女は語る。

尿といえば思い出す。健康診断の日、検尿の前にうっかりトイレに行ってしまった私が「おしっこが出ねえ！」と騒いでいると、彼女が自分の尿を分けてくれた。
おしっこを半分こして分け合う、乙女の花園。女じゃなく人間として生きられる、女らしさの呪いが存在しない世界は、男社会からの避難所でもあったと思う。

「共学の大学に進んでショックを受ける」は女子校育ちあるあるだが、私も大学に全然なじめなかった。シノラーファッションをしていると「だからモテない」と男子にディスられて、体にフィットした服を着ていると「巨乳アピール？」とイジられた。私はどんな服を着ればいいのかわからなくなった。

女子校では「自分の意見をハッキリ言おう」と教育を受けたが、大学では「女のくせに出しゃばるな」「生意気だ」と叩かれた。女子校ではみんなで協力して力仕事をしたが、大学では「女の子はそんなことしなくていい」と言われて、でも飲み会でお酌や取り分けをしないと「女のくせに気がきかない」と言われた。

私はどう振る舞っていいかわからなくなって、周りから浮くことにビクビクして、友達ができなかった。年末年始に帰る実家もなく、1人暮らしのアパートで寂しすぎて凍死しそうになっていた。

そんな過去の自分に「あの時、凍死しなくてよかったね」と言いたい。ＪＪになって、女だけの花園を再び手に入れたから。そして過去の自分のように、女らしさの呪いに苦しむ女子に「一緒にレリゴーしようぜ」と言いたい。

ＪＪになると「うるせえな、好きにやらせろ」と開き直るメンの太さが武器になる。ＲＪ（老女）はさらにごんぶとになることを期待している。

老後のデンデラでもドッと笑った瞬間ドッと尿漏れしながら、キャッキャウフフしたい。そんなＲＪの花園を作るために、キンプリで一攫千金を狙いたいと思う。

59歳で変死した母の人生をＪＪになって考察する（２０２０年2月1日）

「あら、おしゃれなアッパッパ」など、つい古語が出てしまうのはＪＪ（熟女）あるあるだ。

コンディショナーをリンスと言い、セールをバーゲンと言い、リボ払いを月賦と言うＪＪたち。女友達が「ガビーン」と言った時に「それは古すぎる」と指摘したら、ガビーンとなっていた。

かくいう私も「よっこいしょういち」が口癖の43歳で、自分が17歳の時の母と同じ年齢になった。そして、母も原付をラッタッタと言ってたなあ……と思い出したりしている。

拙書『離婚しそうな私が結婚を続けている29の理由』には、母の変死、父の自殺、弟の失踪、借金騒動、子宮摘出……等について綴ったコラムを収録している。

10年前に死んだ母のことを書いた「VERY妻になりたかった母の死」は、公開当時バズってツイッターのトレンド入りもした。母は有名になりたかった人なので、草葉の陰で喜んでいるだろう。

セレブ願望の強かった母は、23歳の時に金持ちのボンボンだった父と結婚。私と弟を有名私立中学に通わせて、VERY妻っぽい専業主婦ライフを送っていたが、父に離婚されて何もかも失った。

私は毒親から逃げるために18歳で家を出たが、その後も毒親トラブルに苦しめられた。20代後半、携帯も住所も変えてようやく完全に逃げ切った……と思いきや、33歳の時、母の妹である叔母から連絡が入った。母が拒食症で入院して、生きるか死ぬかの瀬戸際だという。

59歳の母は身長160センチで体重は30キロ台まで痩せており、数年ぶりに対面した私は「バタリアンのオバンバみたいになっとる……!」と息を呑んだ。ICUで管につながれた母は意識障害を起こしていて、私のことを「中曽根さん」と呼んだ。とっさに「やあ大統領、ロンと呼んでいいかな？」と中曽根さんらしく振る舞った私。私が誰かわからない母を見て「今の母なら愛せる」と思った。今の母なら私を傷つけないから。

その後、回復した母は男性医師に「男の人を紹介して、お医者さんと結婚したいの」とせがんでいた、バタリアンのオバンバみたいな状態で。

それが母を見た最後の記憶になった。退院から数か月後、1人暮らしのアパートで母の遺体が発見された。

こういう場合は変死扱いになるらしく、私も現場の捜査官から事情聴取を受けた。父が自殺した時も事情聴取を受けたが、その時の刑事さん2人組がバチクソにイケメンで乙女ゲーの世界にワープしたかと……という話はおいといて。とにかく親が遺体で発見されがちな人生である。

検死の結果、母の死因は心臓発作だった。退院後も無茶なダイエットを続けて、体が弱り切っていたのだろう。

生前の母の手帳には「目指せ32キロ♡」と丸文字で書かれていた。またアパートの壁一面に若いギャルが着るような服がかかっていて、ホラーみの強さにガビーンとなった。

それから10年の時が流れて、母に対する恨みや憎しみは薄れていった。また自分がJJになったことで、1人の女性として母の人生を考えるようになった。

高校生の時、母がコンビニから不機嫌な顔で帰ってきて「コピー機の使い方がわからなかった」と言った。それを聞いて「この人は本当に1人じゃ生きていけないんだな」と思った。

23歳で専業主婦になって、なんのキャリアもスキルもなく、コピーすらとれない「おばさん」になった母。そんな生き方は絶対にしたくない、10代の私はそう思っていた。でも彼女はそれ以外の生き方を選べなかったのかもしれない、40代になった今はそう思う。

祖父母は愛情深い子煩悩な親だったが、大正生まれの彼らに「経済的に自立できるように娘を育てる」なんて考えは当然なかっただろう。女に学問はいらない、結婚して子どもを産むのが女の幸せという時代に、女が働いて自立するのは無理ゲーだった。「早く娘を片付けなきゃ、売れ残りになったら困る」と言われる女たちは、男に買われるための商品だった。

そんな時代に生まれた母が「若くて美しい、商品として最高値のうちに金持ちと結婚しよう」と考えたのは、自然なことだったのかもしれない。それ以外の女の生き方のモデルなど見たことなかっただろうし。

それで金持ちと結婚して「勝ち組」になったかと思いきや、40手前であっさり夫に捨てられて、そりゃメンもヘラるわいな、という話である。思春期の私は酒に溺れて自傷行為を繰り返す母に振り回されて、死ぬほどつらかった。でも母もつらくて不安で死にそうだったのだろう。

「だから許すよ、お母さんありがとう」なんて言う気はさらさらないが「まあ気持ちはわからんでもないよ」と思う。そして「若く美しい女が男に選ばれて幸せになる」という呪いにかかったまま死んだ母を可哀想に思う。

「この年になって母のことを考えると、可哀想に思う」と語るＪＪは多い。「いつも不機嫌でイライラをぶつけてくる母を嫌いだったけど、それって父からのストレスが原因だったんだろうな」と考察するＪＪたち。

誰が食わせてやってるんだ！　とキレるのは昭和の父親仕草だが、専業主婦は離婚すると生きていけないから耐えるしかない。夫は妻にあたることでストレス発散して、妻のストレスは一番弱い存在である子どもにぶつけられる。

「毎日ため息をつきながら洗い物をする母を見て、こんな人生は絶対イヤだと思ってた。でも生まれる時代が違ったら、母は違う人生を選べたのかなって……」「わかる！うちの母もそうだった」と膝パーカッションが鳴りやまない俺たちだ。

40代の編集さんはこんな話を聞かせてくれた。

「うちの母も専業主婦だったけど、私が高校生の時に地元のミニコミ誌を作る会社でパートを始めたんですね。その時に仕事ができないとバカにされたらしく、母が『悔しい』と私の前で泣いたんですよ。その姿が今でも忘れられません」

「母は料理も家事も得意で、本が大好きな頭のいい人でした。もし生まれる時代が違ったら、仕事のできる人だったと思います。でも結婚して亭主関白な夫に従うしかなくて……そんな母を見て育ったから、私は専業主婦になるのが怖すぎます」

子どもの頃の私は、専業主婦の母を見て「楽そうな人生送ってるな」と思っていた。でも実際は夫に生殺与奪を握られて、檻の中で働かされる奴隷だったんだな、と今では思う。

家事育児という仕事をどれだけがんばっても一銭にもならないし、出世もしない。パワハラやモラハラを受けても耐えるしかなく、それでさんざんタダ働きさせられた挙句、夫という雇用主にクビを切られたら退職金も失業保険も出ない。とらばーゆ（転職という意味の古語）も簡単にはできない。そんなのブラックすぎるじゃないか。

20代でフェミニズムに出会った私は、女がずっと奴隷だったことを知った。女は三従（結婚前は父に、結婚後は夫に、夫の死後は子に従え）と言われて、妻は家政婦・保育士・看護師・介護士・娼婦の五役をつとめなくてはならない。そんなの北島マヤだって「無茶言うな！」と泥まんじゅうを投げるだろう。

それが先人たちの努力のおかげで、ようやくここまで来たのだ。今の日本も女にとってヘルジャパンだが、その時代に比べたら多少はマシなヘルである。現代女性は選択肢が増えたから悩むと言われるが、選択肢がないよりはずっといい。ここまで必死に戦ってくれたおばあさんたちよ、ありがとう。

母も生きていれば69歳で、ややおばあさんぐらいの年齢である。子どもの私は彼女を「アホな人」と見下していたが、私も１９５０年に生まれていれば、母のようになっていたかもしれない。
そもそも20代の私なんて相当アホで、ゴミみたいな男とクソみたいな恋愛ばかりしていた。だから23歳の母が男選びを間違ったの、め〜〜っちゃわかる！　とハイタッチしたいぐらいだ。

しかも私は幸い不美人だが、母はバチクソに美人であった。独身時代の父は母に熱烈アタックして、お姫様のように扱ったという。それが結婚後にモラ夫に豹変した挙句にポイ捨てられたら「冗談はよし子さん!!」と暴れたくもなるだろう。
そんなわけで、父の仏壇に「お父さん、来世は性別のないウミウシに転生してくださいね」と線香をあげている。

母は自分に似ていない娘が不満だったのだろう、私は一度も母から「かわいい」と言われたことがない。七五三やピアノの発表会でおめかしした時も不機嫌な顔で私を見ていた。

よしながふみの名作『愛すべき娘たち』にこんな場面がある。

主人公の女性は子どもの頃にピンクの振袖を着るが、全然似合わなくて落ち込む。そんな娘に母親は「ほら笑ってごらん　可愛いから」と言い、「可愛くないもん！」と娘が返すと「とっても可愛いわよ　世界一可愛いお母さんのお姫様」と微笑む。

大人になった主人公は「不思議ね　とってもうれしかった　振袖はやっぱりあたしに全然似合ってないのは分かってたのに」と振り返る。

この場面を読んだ時、びっくりするぐらい涙が出た。私は母にかわいいと褒められたかったんじゃなく、愛されていると感じたかったのだ。

そして今、2匹の猫を育てながら「一度もかわいいと言わないって逆にスゲーな」と感心する。猫がどれだけ白目を剝いていても、寝顔がチュパカブラにそっくりでも、私は「かわいいかわいい」を連発する。猫は「かわいい」を自分の名前だと思っている。この「かわいい」は「いとしい」と同義語である。

母は愛するよりも愛されたいマジでな女だったのだろう。いろいろ問題を抱えた女が必死に生きようとしたけど、うまくいかなかったんだな。いつか母に再会したら「あなたも大変だったのね、お疲れ様」と言ってあげよう、今はそんなふうに思っている。

そんなふうに思えるのは、母が死んで10年たつからだ。ＪＪの忘却力でイヤな記憶も薄れているし、なにより死んだ母は二度と私に迷惑をかけないから。

母が自傷するたびに救急車を呼ぶ役目は私だった。祖父から「おまえがついていながら」と怒られたりもした。また高校生の私の前で、母は深夜に無言電話をかけていた。「だってナントカさんが私の悪口言うんだもん」とか言いながら。その時は嫌悪感で殺しそうになったが、母は中身が子どもだったのだ。

そんな母に振り回されて、私は子どもでいられなかった。自分より子どもな親には反抗もできなくて「早く大人になって家を出なければ、じゃないと母か自分を殺してしまう」と切羽つまっていた。

あの頃の母と同世代になって、しみじみと理解できる。あれだけ精神的に幼い人に、母親らしい愛情を期待しても無理だった。母は私を嫌いだから愛さなかったわけじゃなく、それは彼女自身の問題だったのだと。

そんなふうに考えたら、いろいろ納得がいってスッキリした。ＪＪになると親をただの不完全な人間として考察できて、毒親デトックスしやすくなる。これも加齢の大きな恩寵である。

同じく加齢した友人たちは「最近、後ろ姿が母に似てきた。背中の肉がヤバいからカーブスに通おっかな」「私は体臭が父に似てきて、たまに自分がすげえクサい」と語り合っている。

うちの母は中身はアレだったが、女優さんみたいに綺麗でお化粧のいい匂いがした。

もし来世があるなら、中年太りしてカーブスに通って長生きしてほしいと思う。

ＪＪはランボー顔で聞きたい。「あなたは誰に向かって言ってるの？」

（２０２０年４月１日）

ＪＪ（熟女）のＳＦ（すこしふしぎ）現象として「何もないところで転ぶ」がある。しかも転んで擦り傷ができると半月ほど汁が止まらず、かさぶたができるのにも時間がかかる。

そんなスペランカーよりひ弱なＪＪだが、メンはめっぽう強くなる。私が生きやすくなったのは、ちゃんと怒れるようになったことが大きい。

先日も飲み屋でくつろぎタイムを過ごしていたら、酔っ払いのおっさんが「一緒に飲もうよ～」と肩を抱いてきたので「ハアッ？」とプーチン顔をキメた。するとおっさんはひるんで「あ、ごめんね」と謝ってきた。その瞬間「カ・イ・カ・ン」と脳内で機関銃を発射した。昭和のＪＪなのでイメージは橋本環奈じゃなく薬師丸ひろ子だ。

怒ったことが快感だったわけじゃなく、怒ることで自分の権利を守れたことが嬉しかった。20代の私であれば、とっさに笑顔で愛想よく返して、おっさんに接客サービスする羽目になっただろう。

日本人は「怒ることは悪いこと」と刷り込まれている人が多い。これは権力者にとって実に都合のいい話である。民草が「自己責任」「怒るなんてワガママ」と刷り込まれていたら、権力者は批判されずにすむ。「自分の頭で考えず、お上に従った方が楽」と思考停止してくれたら、やりたい放題できるだろう。

ジェンダーギャップ指数121位のヘルジャパンでは、怒る女は特に叩かれる。フェミニスト＝攻撃的とレッテルを貼られ、「まあまあそう怒らずに」とトーンポリシング勢が湧いてくる。

フェミニストを批判する暇があったら、性差別や性暴力をする側を批判したらどうか。そっちの方がよっぽど有害で攻撃的なのだから。

＃ＫｕＴｏｏの石川優実さんなんて、あれだけ社会を動かしているのに「怒りじゃ何も変わらない」とトンチキなクソリプが殺到している。私だったら「うるせえ！ワシは怒りたくて怒っとるんじゃ！」と機関銃を乱射するが、それをしない彼女は平和主義者だ。

＃ＭｅＴｏｏ、＃ＫｕＴｏｏ、フラワーデモ等によって、社会は変わりつつある。それは女たちが怒りの声を上げたからだ。私も性差別や性暴力を駆逐したいフレンドなので、「女は感情的」「ヒステリーババア」「更年期？ｗｗ」と揶揄されても「うるせえ!!」と元気いっぱいに怒っている。そんなコラムを読んだ読者から「私も堂々とフェミニストと名乗ることにしました」と感想をもらうのが嬉しい。

そんなわけでランボー風にハチマキを巻いて、ルンルン気分（古語）で執筆している。だが3月初旬、国際女性デーの炎上記事「なりたくなかったあれ」を読んで、ズコーッ（古語）とすっ転んだ（「そんな私がジェンダーを語ったら、バリバリのフェミニストに見えるだろう、少なくとも会社では。ああ、ついに私もそうなったか。なりたくなかったあれに」という文章を含む、TBS女性記者によるnote。現在は削除されている)。

私と同様、いきなり背後から撃たれた気分になった人は多いだろう。周りの女子たちも「あれめちゃめちゃショックでした……」「ゴリゴリに削られました……」とお通夜のようにしめやかなムードになっていた。

国際女性デーに女性の元気をなくす効果は抜群である。その後も様々な意見が出ていたが、私が一番聞きたいのは「あなたは誰に向かって言ってるの？　メディアの偉いおじさんたち？」ということだ。

「私はフェミニストじゃないですから、あんなのと一緒にしないでくださいね」と言いつつ「ジェンダー平等というゴールに向かって手を取り合おう」と言われても、絶対そんなこと思ってないやろ？　とバレバレである。長い物には巻かれよの忖度芸を見せつけられて、「こんな地獄は見飽きたぜ」とランボー顔になった私。

男に嫌われるのが怖くて「私は敵じゃありませんよ」とアピールしながら、声を上げるフェミニストに「そんな言い方するな、支配者様がご機嫌を損ねたらどうするんだ！」と恫喝する姿を見たら「そうか、私たちは奴隷なんだな、対等にものを言う権利はないんだ」と後輩たちは思うだろう。

私は後輩女子に向かって言いたい。あなたたちは奴隷じゃない。地面に頭をこすりつけて「平等な権利をください」「差別しないでください」なんて言わなくていい。男女平等は誰かに認めてもらって与えてもらうものではないし、多数決で決めるものでもないのだ。

全ての人間はオギャーと生まれた瞬間から平等な権利がある。差別されていい人間など一人もいない。

その権利を不当に奪われていたら、怒って当然なのだ。足を踏まれたら怒れることは、まともな自尊心がある証拠なのだ。「足を踏まないでくれてありがとう」なんて感謝するのはおかしいし、「足をどけていただけませんか？」と丁寧にお願いする必要もない。もし丁寧に言ってもわかってもらえなければ「痛いんだよ、足をどけろよ！」と怒って当然なのだ。

「なりたくなかったあれ」騒動にランボー顔になった私だが、怒りより悲しみの方が大きかった。男尊女卑を煮詰めたマスコミ業界で働いてきて、げっさ苦労したんだろうな、自尊心を奪われ続けて、奴隷仕草が染みついちゃったんだろうな……と。

拙者はフリーランスの野良作家でよかった。誰にも忖度せず言いたいこと言う逆ポイズンでいられるし、「オッス、おらフェミニスト！　おめえも一緒に戦わねえか？」と堂々と胸を張って言える。

全ての人が「私はフェミニストじゃないけど」と前置きせず、言いたいこと言える国になってほしい。

ポイズン国家に住む私に「スウェーデンでは『男女平等は当たり前』が共通認識。

それに政治を批判することは国民の義務だし、むしろ良いことだとされているよ」と久山葉子氏は語る。

久山氏は私の古い友人で「日本で子育てするのは無理ゲーや」と娘が1歳の時にスウェーデンに移住して、現在は北欧ミステリの翻訳家およびエッセイストとして活躍中。

著書『スウェーデンの保育園に待機児童はいない』によると、スウェーデンでは保育園から子ども達に「性別、民族、宗教、セクシャリティ、障がいにかかわらず、人間には全員同じ価値がある」と教えるそうだ。

また、子どもの権利についてもしっかり教えるらしい。彼女が保育園に通う娘に「子どもにはどんな権利があるの？」と聞くと「すべての子どもには同じ価値がある」と即答して「子どもを叩いてはいけない、子どもを働かせてはいけない……」とすらすら答えたという。

「家でパパやママから体罰を受けたら、それを先生に報告して助けを求めればいいということを、子ども達は知っている」「おうちではパパやママの言うことをよく聞きましょうねではなく、大人が間違ったことをした場合に、それに気づく能力を養う」「それはスウェーデンの保育指針にある〝自分で考え、意見を持つ能力〟を養うという点にもつながっていく」

という文章を読んで、毒親育ちの全俺が号泣した。子どもは誰かに教えてもらわないと、自分の親が間違っていることに気づけない。親がいないと生きていけない子どもは「パパやママが私を叩くのは、私が悪い子だからだ」と刷り込まれてしまうのだ。

また、スウェーデンでは「人を見た目でジャッジしない」「人の見た目に言及しない」が子どもでも知っているモラルの基本だという。久山氏が保育園のママ友のことを「〇〇ちゃんのママ、美人だよね〜」とつい言ってしまったら「ママ、見た目がどう関係あるの？」と娘にキツく言い返されたんだとか。

「マジギレされて心から嬉しかった」という彼女はドMなわけじゃなく、「スウェーデンの子どもたちは、人間としてモラルに反することが何なのかをしっかり理解している」と感じたからだ。

全ての子どもが人権教育やジェンダー教育を受けられる、そんなスウェーデンに今すぐ亡命だ！　ハンス・アクセル・フォン・フェルゼン伯爵!!　と旅立ちたくなった人は多いだろう。

スウェーデンにも性暴力は存在するけど、まともな人間がみんな「性暴力を絶対許さない!!」と怒っている。だから加害者が叩かれて、被害者がちゃんと守られる。という話を聞いて、私もガチで亡命したくなった。

日本では加害者が擁護されて、被害者が責められる。性暴力の話をすると「男を犯罪者扱いするな！」「男の性欲を否定するのか！」とトンチキなクソリプが殺到して、げっさ疲れる。げっさ疲れるけど、私はもう少し日本でがんばるよ。

下の世代が生きやすい社会に変えたいから。「性差別や性暴力を許さない、だから私はフェミニスト」と堂々と言える社会になってほしいから。

私もかつてはフェミニストと名乗ることに抵抗があったし、怒るべき時に怒れなかった。でも今は後輩たちのためにもちゃんと怒るぞ！　と覚悟を決めている。

というわけで、最後にKくんの話をしよう。同い年のKくんとは20年来の付き合いで、たまに飲みにいく仲だった。2年前に飲んだ時、彼が「会社で男性の部下からゲイだと打ち明けられた」と言ったので、それでどうしたの？　と聞くと「今の社会は差別されるのが現実だから、と返した」とおっしゃる。

ガガガガガガガガガッ！！！！！！（機関銃を乱射する音）

脳内でハチの巣にしつつも、私はその対応がいかにクソで間違っているかを冷静に説明した。でも彼は「なんで俺が責められなきゃいけないの？」と返すばかりで、まともな会話にならない。

とうとう私も堪忍袋の緒が切れて「絶交や!!」とマジギレして、その場を去った。40歳を過ぎた人間はあんまり絶交とかしないので、彼はたいそう面食らっていた。

その後、共通の女友達に「ちょっと聞いてよー！」と電話すると「あいつは昔からそうだった！　私もなんで女なのにスカートはかないの？　とか言われて、しばいたろかと思ったわ」と一緒に怒ってくれた。それで「ああいう人は一生変わらないよね」「そうだよね、おっさんは変わらないよね」と電話を切った、その2年後。

Kくんから連絡がきて「女性の部下からレズビアンだとカムアウトされた。彼女は人生やキャリアに悩んでいるので相談に乗ってやってくれないか」と頼まれた。「はあ、いいですよ」と承諾して、後日その彼女と会っていろいろと話した。

その時に「Kさんがすごく親身に相談に乗ってくれたんですよ。私が会社で働きやすいようにサポートもしてくれて」と聞いて、ぶっとびー！（古語）とぶったまげた。あの後、KくんはLGBTQについて勉強したらしい。私にマジギレされて絶交されて、彼なりに考えるところがあったのかもしれない。

怒りじゃ何も変わらないなんてこと、ない。それをいま世界中の女性たちが証明している。

足を踏まれても怒れなかった、自尊心を奪われ続けていた20代の自分に伝えたい。40歳を過ぎて何もないところで転んだりするけど、私は元気です。フェミニストの友達もいっぱいできて、毎日ハチャメチャにハッピーだから、安心して年をとってくださいね。

「女は年をとると価値が下がる」問題について、土俵を降りたＪＪが考える
（２０２０年5月1日）

コロナコロナな毎日ですが、皆さんいかがお過ごしですか？

拙者は蟄居《ちっきょ》して読書三昧していたら、目が潰れそうになった。私は普段とあまり変わらない生活だが、大変なのは子どもが休校中のママさんたちだ。

小学生の2人の息子がいる友人は「家にサンシャイン池崎が2人いるみたいな生活で、耳が潰れそう」と話していた。

ＪＪ（熟女）は目や耳にガタがくるお年頃だが、口だけは衰えない。蟄居中もオンライン飲み会でしゃべりまくって、ストレス発散する日々である。

そんなＪＪライフを綴った『40歳を過ぎたら生きるのがラクになった』を読んだ若い女性たちから「年をとるのが怖くなくなった」「むしろ楽しみになった」と感想を

いただく。

年をとるのが怖いのは「女は年をとると価値が下がる」という呪いのせいだろう。ヘルジャパンではその呪いが強力だが、私は若い女の土俵から降りた時、ものすごい解放感を味わった。

若い頃は若い女だからとナメられて、失礼な発言やセクハラをされまくったし、若い女だからってチヤホヤされやがって、と勝手に妬まれたりもした。そんな「若い女」の記号が外れたことで「人間」として生きられるようになった。

それは想像以上に快適で生きやすく「ＪＪになってからが人生本番だよね」と友人たちと寿いでいる。また「仕事において特にそのことを実感する」と語るＪＪは多い。

浪速の石田ゆり子と呼ばれる友人は「私が20代の頃は今より男尊女卑が強かったから、おじさん転がしの得意な女子が仕事で抜擢されたりしてたのよ」と振り返る。

「女の武器を使った方が得でしょ？　なんで使わないの？　みたいな目で見られて、

私は生き方を間違ったのかと心が折れた。何度も仕事を辞めようかと思ったよ」

ところが35歳を過ぎた頃に、変化が起こったという。

「彼女らがおじさんにはしごを外される姿を見たのよね。結婚したら手のひらを返されたり、もっと若い女子に寵愛が移ったり。それで自分の生き方は間違ってなかったな、とようやく認められるようになった」

地道に実力をつけてきたゆり子と、女の武器を使ってきた彼女らでは、仕事で勝負にならないだろう。でもザマアという気持ちよりも、気の毒な気持ちの方が大きい。「女の武器を使わなきゃ戦えない」と男社会に過剰適応してきた彼女らも、ヘルジャパンの被害者なのだ。

一方のゆり子は「後に続く女の子たちのために」と屯田兵マインドで、おじさん上司や性差別と戦ってきた。その姿が後輩たちから支持されて、今は女性の多い部署で管理職として活躍している。

そんな我が友を「痛みに耐えてよくがんばった！　感動した！　おめでとう！」と抱きしめたい。ついでに巨大な優勝カップで身勝手なおじさんどもを殴り倒したい。

女の武器を使ってきた彼女らは、おじさんをうまく利用しているつもりだったのだろう。でも相手の気分ひとつで、はしごなんて簡単に外されるのだ。そして、若い女の土俵を下りた後の方が人生はずっと長いのだ。

男尊女卑を煮詰めたメディア業界で働くＪＪからは、こんな声が寄せられた。

「私が新聞社に入社した頃、若い女子が警察や官僚の取材担当をさせられたのよ。それって女の武器を使ってネタをとってこい、と暗に指示されてるんだよね」

当時は尻や胸に触られるセクハラは日常茶飯事だったという。また彼女自身も「こんなことで傷つくのは弱い、むしろ利用するのが強い女だ」と洗脳されていたという。

「でも実際はネタが欲しい会社とセクハラしたい取材先に、女の若さを搾取されて利用されていただけなのよ」

どれだけ地道に取材してネタをとっても「若い女だからとれたんだろ」と正当に評価されない。どれだけセクハラや性差別を受けても「女はイージーモードで得だよな」とナメられる。

後に続く女の子たちのために、こんな悪しき文化は変えなきゃダメだ、それが大人の責任だ、と彼女も35歳を過ぎた頃に意識が変わったという。

若い女の土俵を降りた後「後輩たちのためにがんばるぞ〜どすこい!!」とシコを踏むＪＪは多い。私もそんなＪＪ力士チームの一員として、こつこつと執筆する日々である。

10年前に「フェミニズムをテーマに書きたい」と出版社に提案しても「需要がない」と断られたが、今ではフェミニズムをテーマに書いてほしいと依頼が来る。少しずつだが、時代は確実に変わっている。

ああ感激だな、ああ播磨灘、どすこい!!　とシコ&韻を踏んでいた矢先、「女は30

歳を過ぎると、自分の価値の8割ぐらいを剝ぎ取られるような気持ちになる」という発言が炎上しているのを見て、タイムスリップしたのかな？　と思った。

資生堂インテグレートの「25歳を過ぎた女はかわいくない」「チヤホヤされない」という主旨のCMが炎上したのは、もう4年も前の話だ。その前年にはルミネの「男の需要に応える職場の花になれ」というCMが炎上した。いずれも「こんな地獄は見飽きたぜ」と多くの女性が声を上げたからである。

女は年をとると価値が下がる、女は仕事の中身より見た目が大事、そんな時代遅れで脅迫的なメッセージはもううんざりだ、いい加減にしろ！　と顧客層である女性に嫌われたら広告として失敗なんだから、企業は取り下げるだろう。これらは企業側のマーケティングの失敗だが、この時も「なんでも批判するフェミのせいで」とおなじみの声が上がった。

いやなんでもじゃないですよ、ジェンダー視点的にアウトだ、性差別的だと批判してるんですよ？　と説明しても、先方は女叩きしたいだけなので聞く耳を持たない。フェミニストが発言するとアンチフェミからのクソリプが赤潮のように発生するが、赤潮チームの大半は男性である。

著名なフェミニストの友人が「この男の人、毎日のようにメールしてくるのよね」と見せてくれたメールには「おまんこおまんこおまんこおまんこおまんこおまんこおまんこ」と８００個ぐらい並んでいて、脳みそ8ビットか？　とめまいがした。

「コピペにしたって毎日送るのは手間だろう、どれだけ暇なのか？」と呆れる私に対して、彼女は「この人も生まれた時はまっさらな赤ちゃんだったはずなのにね。なんでこんな風に育っちゃったんだろうと考えると可哀想になる」と言っていて「菩薩かよ……」と手を合わせた。

アンチフェミの男性陣は「女のくせに生意気だ！　俺はそんな女に嫌がらせをしたい！」とシンプルでわかりやすい。

一方、あからさまにフェミ叩きをする女性は少なくて「この人、本音はフェミニストが嫌いなんだろうな」と透けて見える系が多い。

彼女らは「私も性差別には反対ですけど」と前置きして「でも女はヒールを履いてメイクをして綺麗になりたいものでしょ？　それを否定するフェミニストって幸せそうに見えない」みたいなことをおっしゃる。

P77でも書いたように、フェミニストはヒールもメイクも脱毛も結婚もセックスも否定していない。

あなたがヒールを履いてメイクをしたければ、すればいい。綺麗になりたければ、なればいい。ただそれを他人に押しつけるな、したくない女性の選択の自由を奪うな、というわかりやすい話なのだ。

それを本当はわかっているのに、わからないフリをしないでほしい。フェミニストを嫌うのは自由だけど、ネガティブなレッテル貼りをして足を引っ張るのはやめてほしい。

そして公の場で発言する時は「女」という巨大主語じゃなく「私」「おいどん」「やつがれ」など一人称で語ってほしい。もしくは（※個人の意見です）と注釈を入れてほしい。じゃないと「ほらやっぱりな！」と赤潮チームがわいてくるからだ。

「男に欲情されない女には価値がない」（※個人の意見です）と注釈を入れずに語ると、「ほらやっぱりな！　女は男に欲情されたいんだろ！　それを女の価値だと思ってるんだろ！」と誤解されて、セクハラを助長する。

Ｐ63『「おっぱい大きいねー！」と言った彼にＪＪコラムを読んでほしい』の元記事はバズりまくって、多くの女性から共感の声が寄せられた。高校生や大学生からも「おっぱい大きい」だの「ヤれる」だの言われてセクハラに悩んでいる、学校に行くのがつらいというＤＭが送られてきた。

そんな地獄を再生産するのはもうやめよう。大人は大人の責任を果たそうよ。

私が新入社員だった頃、仕事ができても見た目が地味な女性の先輩は「女を捨ててる」と揶揄されていた。見た目が華やかな先輩も、30歳を過ぎて独身だと「売り時を逃したな」とおじさんたちに陰口を叩かれていた。

そんな言葉を聞くたび、私の心も削られた。女である自分が、中身のない空っぽで無価値なモノだと思わされた。

そこから月日が流れ、44歳の私は「女は男に値付けされる商品じゃない、年をとっても私の価値は下がらない、自分の価値は自分が決める、どすこい!!」と元気に四股を踏んでいる。そういう女を見ると、フェミ嫌いの女性は自分の生き方を否定されたように感じるのかもしれない。「モテないババアのくせに」「綺麗事言いやがって」とイラつくのかもしれない。

その気持ちはわからなくもない。だって自分の価値はどんどん下がっていくと思いながら生きるのは、つらいから。

20代の頃、飲み会で枝豆しか食べない女の子に出会った。私や友人が唐揚げやピザをモリモリ食べるのを見て「よくそんなに食べるよね」と彼女はイライラした顔で呟いた。

その子はモデルのようにスリムで綺麗だったけど、つらそうだった。だからってそのストレスをぶつけんなよ！　と当時はムカついたが、ＪＪになった私は「つらかったら、こっちにおいで」と枝豆ガールに言いたい。「その生き方がきつくなったら、いつでも路線変更してええんやで」と。

私の母は「女の価値は若さと美しさ」という呪いにかかったまま、拒食症で亡くなった。土俵を降りられなかった母もヘルジャパンの被害者なのだと思う。

「私は被害者なんかじゃない、そんな弱い女と一緒にしないで」と言いたい女性もいるだろう。でもべつに強くなくていいじゃないか、つらかったら「つらい」と言えばいいじゃないか。

おいどんも若い頃はルッキズムやモテ至上主義に呪われてつらかった。加齢のおかげでその呪いから解放されたし、そもそも三次元の男に興味がなくなった。「男に欲情されたい」みたいな欲求はもう遠い日の花火である。

老後は薫尼《くんに》として女人だけのデンデラで暮らしたい。みんなで相撲をとってちゃんこ鍋をつついて、濃厚接触したいなあ……と夢見るＪＪなのだった。

ナイナイ岡村やおじさん芸人にＪＪが伝えたいこと（２０２０年5月26日）

「朝、豆腐屋よりも早く目が覚める」「夕方になると目が見えない」など、ＪＪ（熟女）のＳＦ（すこしふしぎ）現象は色々あるが、「股関節が外れそうになる」もラインナップに加えたい。

私はもう一生、松葉崩しはできないだろう。松葉崩しができなくても困らないが、四股が踏めなくなるのは困る。そこで相撲健康体操を始めることにした。

これは日本相撲協会が配信している動画で、甲山親方が12種類の型をレクチャーしてくれる。親方が股割りしながら前屈するのを見て「ぽっちゃりしたダルシムみたい！」と感動した。

私も股割りできるＪＪになりたいが、若者には負けんぞ的なクソ意地はなく、肉体の老化を受け入れている。ただし精神面のアップデートは怠りたくない。

有名人の失言が炎上すると、今の時代はアウトとよく言われるが、本当は昔からアウトだったのだ。ネットの普及により批判の声が見える化したことで、燃えるべきものが燃える時代になった。

それは喜ばしいことだが、女性差別発言が炎上した際の定型文「不快な思いをされた方々に深くおわび申し上げます」にモヤる女性は多いだろう。

我々は単に謝ってほしいんじゃなく、ちゃんと勉強してほしいのだ。その発言がなぜ女性差別にあたるのか、なぜ多くの女性が傷つき怒りを感じるのかを理解してほしい。その根っこの部分がわからないと、また同じような差別が再生産されるから。

ナインティナイン岡村が風俗発言で謝罪した後、２０１４年にラジオでした発言が話題になった。彼は痴漢に遭う女性を責めるような発言をした後に「時効ですけど」と前置きして「(流れるプールで) 僕ものすごく痴漢しましたからね」と話していた (風俗発言……コロナ禍における女性の貧困化で、性風俗従事者が増えることを、あたかも歓迎するような発言をしたこと)。

その件をネットで見た女友達が「私も小学生の時にプールで痴漢に遭って、それ以来プールに行けなくなりました」と話していた。彼女は岡村の発言によって当時のリアルな記憶がよみがえり、過呼吸になって涙が止まらなくなったという。

「そんなトラウマになるようなことをネタとして話す男性がいる、それを平気で笑って楽しむ人がいる、そのことが本当に許せなくてつらいです。私は二度と彼が出てくる番組は見ません」

私も『麒麟がくる』を見ながら「岡村キター」と霊帝顔になっている。私自身も子どもの頃から性被害に遭ってきたし、性暴力をネタにするような人間を見るのは、とてもつらい。

けれども彼1人を降板処分にしても、あまり意味がないと思うのだ。それよりも性暴力や性差別について学んで、今後彼に発信していってほしい。その発信は、私のコラムの2億倍は効果があると思うから。それは知名度だけの問題じゃなく、男は男の話しか聞かないから。

正確にいうと、ミソジニー（女性蔑視）が染みついた男性は、女性の言葉に耳を貸さないからである。

企業でセクハラ研修をしている弁護士の女友達がいる。彼女に「セクハラするようなおじさんは研修を受けて改善するの？」と聞くと「正直難しいよ。長年染みついた価値観は変わらないし、むしろ悪くなるという研究もある。セクハラだと？　女のくせに生意気な！　と逆ギレして、ミソジニーが強化されるんだよね」

それを聞いて「おい、この世界は地獄だで」とアルミンと蟹工船が混ざった顔になった。

では男の言うことしか聞かない彼らに、注意してくれる男性はいるのか？

広告会社時代、通勤電車で痴漢に遭ったことを男性上司に報告したら「顔射されたのか？」とイジられた。別の女性の同僚は「痴漢に触られて興奮した？（笑）」と聞かれたという。

強盗に遭った人に「スリルを感じて興奮した？」と聞くだろうか。「そんな高そうな服を着ているからだ」と責めるだろうか。「男は性欲を抑えられない」と言うけど、交番の前で痴漢するだろうか、社長の娘にセクハラするだろうか……と反語責めで注意してくれる男性は1人もいなかった。

私が物心ついた頃から、ドリフの痴漢コントがテレビで流れていた。性暴力は被害者のいる犯罪であり、被害に遭って一生トラウマに苦しむ人もいる。たとえば、児童虐待を笑いのネタにする芸人はいないだろう。一方、性暴力をギャグやエロネタにしていいと思うのは、感覚が麻痺しているからだ。

『ワイドナショー』でＮＧＴ48山口真帆の暴行事件を取り上げた際、松本人志が指原莉乃に「そこはお得意の体を使って……」と発言した。指原は「何言ってるんですか」と返していたが、他の男性出演者たちは笑って追従するだけだった。

大御所芸人に忖度して誰も注意できないし、つまらなくても周りが空気を読んで笑ってくれるから、彼らはダンゴムシ師匠になってしまったのだ。

くさやダンゴムシ師匠は『ダウンタウンのごっつええ感じ』に出てきた、時代遅れのオワコンだけど、それに気づいていない大御所芸人キャラである。若手にドヤ顔で説教する姿は「裸の王様」そのもので、かつての私はそれを見て爆笑していた。

おじさん芸人たちも本当は気づいているんじゃないか。「コーンフレークか否か」というネタで爆笑をとる若手を見て、人を殴りつける笑いはもう古い、ジェンダー意識や人権感覚をアップデートしないと、もう誰も本気で笑ってくれないと。

「今はすぐ差別だと叩かれる、だったらルールを決めてくれ」と大御所芸人が言っていたが、それは「何も考えず思考停止していたい」ということだろう。そうじゃなく、差別やジェンダーについて学んで、自分の頭でしっかり考えてほしい。それをしないと、また同じような発言を繰り返してしまうから。

かつ、彼らは自分が強者だと認めるべきだろう。

トーク番組で明石家さんまに「抱けと言われたら今晩でも抱きますよ」と言われた上沼恵美子が「私がイヤやわ」と真顔で返していた。それができるのは、えみちゃんだからだ。

これが後輩タレントだったら「嬉しい〜」とリアクションするしかないし、「(セクハラされても)私だったら笑いで返します」と柳原可奈子も言っていた。

セクハラされても笑顔でかわせ、そうしないと男社会で生き残れない。まさに一般社会のハラスメントと同じで、そんなものをテレビで見せられてもしんどいだけだ。

差別やハラスメントは基本、強者から弱者に行われる。ゆえに強者は己のパワーを自覚して、敏感でいなければならない。けれども強者であるおじさんが「俺は差別なんかしてない、むしろ差別されてるんだ!」と逆ギレするのは、なぜなのか?

若い頃、仕事関係の偉いおじさんから「俺は貧乏で学歴もなかったけど、苦労してここまできた」系のトークを聞かされた。私は「それ何十年前の話ですか?　今は金も地位もあるのに、いつまで言ってるんですか？　つかその話つまんないんですけど」と思いつつ「すごいですねー（棒）」と返していた。

おまけにその手のおじさんは図々しく肩とか抱いてくる、こちらがイヤでもイヤだと言えない力関係を利用して。

にもかかわらず「俺は差別される側だ、叩かれる弱者なんだ」と主張して、頑なに強者だと認めようとしない。それはかつて彼らが叩かれて、傷ついてきたからだろう。

先輩からしごきや体罰を受けた人間は、2種類に分かれる。1つは「後輩に自分みたいな思いをさせたくない」と悪しき文化を変えようとするパターン。もう1つは「俺だって苦労したんだ、おまえたちも我慢しろ」「この程度で傷ついたとか言うな、俺はもっと殴られたんだ」と、悪しき文化を継承するパターンである。

後者は「自分は傷つけられたんだから、他人を傷つける権利がある」とハラスメントをおこなう。その認知の歪みをなおすには、傷ついた自分を認めて、その傷を癒す必要がある。それで恨みや憎しみや苦しみの感情を手放せれば、「人を傷つけてはいけない」と心から理解できるだろう。
私は問題を起こした芸能人に必要なのは謝罪や処罰よりも、人権教育とカウンセリングだと思う。

芸能界のような弱肉強食のスパルタな世界で生き延びるには、心に相当ストレスがかかるのだろう。校則が厳しいスパルタな学校はいじめが多いというデータもある。強い者が弱い者を叩き、弱い者がさらに弱い者を叩く。「ここは天国じゃないんだ、かといって地獄でもない」とブルーハーツは歌っていたが「いや地獄だで」と私は思う。

そして「人間よ、もう止せ、こんな事は」と高村光太郎顔で言いたい。

76年神戸生まれのアルテイシアは、小学生の時『4時ですよ〜だ』に夢中になり、中学生になるとヤンタン木曜日に葉書を送り、『夢で逢えたら』を録画して何度も見ていた。

高校時代は2丁目劇場に通って、天然素材でブレイクする前のナイナイ岡村から手売りのチケットを買ったこともある。『怒濤のくるくるシアター』『爆笑BOOING』といった番組の観覧にもよく行った。

それだけお笑いを見るのが好きだったのに、今は「見たくないもの」になってしまったことが悲しい。ダンゴムシ師匠の動画を見たらやっぱり面白くて、本気でちょっと泣きそうになった。

私が涙もろい中年のおばさんになったように、私が少女の頃に憧れていた芸人たちは中年どころか、ぼちぼち老年の域である。それでも「男はガキだから」と言い続ける彼らに伝えたい。

そうやって無知な子どものままでいようとせず、ちゃんと学んで考えてくださいと。

「大いなる力には、大いなる責任が伴う」、これはスパイダーマンの有名なセリフだが、ピーターもなんやかや失敗しているし、私は失敗しても更生できる社会がいいと思う。本気で更生するためには、適切な教育やカウンセリングを受けるチャンスが必要だと思う。

拙者はそういう意見なので、ナイナイ岡村を罰したいとか、吉本興業に馬の生首を送りたいとか思ってない。むしろ義によっては助太刀いたす。

「渡部の件は不倫問題じゃない」と考えるＪＪの願い（2020年7月1日）

無理な駆けこみ乗車をしなくなる、これもＪＪ（熟女）あるあるだ。

中年が無理な駆けこみ乗車をしようとすると、足がもつれて転んだり、電車の扉に挟まったり、電車とホームの間に落ちたりと、命がいくつあっても足りない。私は駅の階段を降りる時も手すりにつかまり、そろりそろりと降りている。一段飛ばしで駆け降りていたのは、前前前世のように遠い記憶だ。

80年代にビートたけしの「赤信号、みんなで渡れば怖くない」が流行語になったが、「青信号、点滅しだしたら渡らない」がＪＪ界の掟である。そんなわけで「注意一秒怪我一生」を座右の銘に、危険を回避して生きている。

危険と言えば、小学生の時に男子たちが「高いところから飛び降りる」という根性試しをやっていて、先生に怒られていた。また「カンチョー!!」とやって、人差し指を骨折した男子を2名知っている。他人の肛門に指を突きさすなど性的嫌がらせだし、大人がやったら首をへし折られても文句は言えない。

「こんなことできる俺、スゲーだろ！」と競い合う男子を「バカじゃないの」と女子は冷めた目で見ていた。男の中で男らしさや強さをアピールしたい、男同士の競争に勝ちたい。そんなジェンダーやホモソーシャルの呪いが、あんなに幼い頃からあったんだなあと思う。

アンジャッシュ渡部が複数の女性と不倫関係を持っていたニュースを見て、そのことが頭に浮かんだ。

最初は「ワンオペ育児する妻と不倫夫案件」だと思って、貴様には地獄すら生ぬるい！　とケンシロウ顔になったが、「多目的トイレで性行為して、3〜5分で解散」という内容に、これは不倫なのか？　とハテナ顔になった。

絶対バレたくなければトイレを選ぶだろうか？　もっと安全な方法はいくらでもあ

るだろう。彼は無意識に「こんなことできる俺、スゲーだろ！」と思っていたんじゃないか。

失うものの大きさをわかっていなかったのか、渡部ってバカじゃないの？　と世間は呆れていたが、彼は失うものの大きさをわかっていたからこそ、その危険な行為にハマってしまったんじゃないか。

昔、某男性芸人が「駅弁スタイルでホテルの部屋から出て、廊下にある監視カメラに向かって腰をふります（笑）」とインタビューで話していた。その彼も中年になって、良き夫かつ父親キャラで売っていたが、数年前に不倫報道が出て謝罪していた。

逸脱した性行為を「武勇伝」「ヤンチャ自慢」として語る男性は多い。

私が中学生の時もテレビで男性芸人が「先輩と乱交するためにカキタレを呼んだ」みたいな話をして、周りの男性芸人たちも笑っていた。私はお笑い大好き少女だったけど、全然笑えないし気持ち悪いと感じていた。女性をモノ扱いする彼らに嫌悪感を抱いたのだろう。

それから30年の月日が流れ、ミソジニーとホモソーシャルを煮詰めたお笑いの世界は「見たくないもの」になった。という話を『ナイナイ岡村やおじさん芸人にＪＪが伝えたいこと』でも書いた。

新地の高級クラブで働いていた女子から「一番タチの悪い客はお笑い芸人の集団でした」と聞いたことがある。彼らはホステスさんのストッキングを破ったり、グラスにチンポを突っ込んだりして盛り上がるそうだ。「どれだけ女にひどいことをできるか、男同士で競い合うんですよ」と彼女。

それはいじめの加害者が集団リンチしながら笑う姿と似ている。弱い者を踏みつける笑いなんて見たくないから、私はテレビをつけなくなった。そんなのは娯楽じゃなく、ただの暴力だ。

渡部の件についても、あれは不倫問題じゃなく、性暴力の観点から考えてみた方がいいのでは？　と思う。

「多目的トイレで性行為して3〜5分で解散」、そんなのはセックスと呼べないし、デートDVや性暴力に近いものを感じる。そんないともたやすく行われるえげつない行為をされたら「スピードはあるが持続力のないスタンド能力だな」と分析するのではなく、自分は道具にされたと感じるだろう。「愛人」ですらない、人じゃなくモノとして扱われた屈辱感から、彼女らは告発に及んだんじゃないか。

「女の方もわかってやってたんだろ」と告発を非難する声もあるが、人間には感情がある。

尊厳を傷つけられた女性が、良き夫かつ父親キャラとしてメディアに出ている渡部を見たら、復讐したくもなるわいな……と想像できる。

私も20代前半、10歳年上の某クリエイターに夢中になって、発射後即解散プレイの相手をさせられた。どんなに夢中になっている相手でも、穴扱いされたらめちゃめちゃ傷つく。でも完全に上下関係ができていたため、イヤだと言えなかった。もし今同じ行為をされたら睾丸を爆破するが、当時は拒否できない心理状態だったのだ。

それで飽きたらゴミのように捨てられて「私、ゴミじゃないのに人なのに……いやひょっとしてゴミだった？　人がゴミのようだ？？」とメガネがパリーンするぐらい傷ついた。

振られたことじゃなく、尊厳を踏みにじられた屈辱から「あいつが平気で生きてるのが許せない……復讐するは我にあり!!」と頭に懐中電灯を巻きつけた。

私にウンコを爆弾に変えるスタンド能力があれば爆殺していたが、通常のウンコしか出せないので、彼をネタにしたコラムを30本ぐらい書いた。それで「元は取れた!!」と昇華できたのである。

それでも、尊厳を傷つけられた恨みは一生消えない。ネットのインタビュー等で彼の姿を見ると「てめえに今日を生きる資格はねえ!!」とケンシロウ顔になる。

男の言う「上手な遊び方をしろ」とは「女を傷つけて恨まれるようなことはするな」という意味だ。それこそ性欲を解消したいだけなら、もっとリスクの低い手段はいくらでもある。

渡部の場合は女性を傷つけること、虐げて支配することが目的だったんじゃないか。その歪んだ欲望を満たすことに、無意識に依存していたんじゃないか。

性加害者の再犯防止プログラムに携わる斉藤章佳氏の著書『男が痴漢になる理由』には、次のような文章がある。

『彼らにとって痴漢行為は〝生きがい〟なのです。(略)その性的逸脱行動に耽溺し、自分より弱い存在を虐げることで支配欲や征服欲を満たしてきたのです』

『いじめによって得られるそれと似ていて、相手への支配欲や征服欲が満たされること、あるいは達成感を得ること、ストレス発散ができることなどです。痴漢行為は加害者にとって非常に〝得るもの〟が大きい行為でもあるのです』

斉藤氏は『（すべての性暴力は）そこに性欲の発動があったとしても、根底には必ず支配欲があります』と繰り返し『痴漢は、男性優位社会の産物です』と分析する。

『日本以外でも、男女間のジェンダー差が大きい国ほど性犯罪が多いことがわかっています。男性全体で改めていかなければいけないこの根深き、そして悪しき慣習を、痴漢は無意識のうちに利用しているのです』

『社会から男尊女卑の概念がなくならないかぎり、そこにある認知の歪みも是正されることはなく、性暴力加害者は再生産されつづけます』

斉藤氏は（痴漢は再犯率がずば抜けて高いことからも）、加害者に罰を与えるだけでは効果的ではなく、再犯防止を狙いとした治療が必要だという。

『ただやみくもに反省の手紙を書かせ、土下座をくり返させるだけでは、再犯防止につながらない』

『「男性と女性は対等である」「女性を下位の存在として、支配してはいけない」という新たな価値観を自分の力で獲得していくのです。（略）男性がこうして学び直していかないと現代社会の秩序は守られません』

渡部の行為は犯罪ではないが、女好きとか性欲ゴリラとか、そんな言葉で済まされるものじゃないと私も思う。

性を使って女を支配したい。それによって「男らしい、強い男だ」と証明したい。そんな欲求を無意識に抱えていたんじゃないかと、本人が自身の内面に向き合うべきだろう。

インセル問題も「女をモノにできない自分は男社会で認められない」という劣等感から女を逆恨みする、ホモソーシャルの産物だ（インセル……恋人や性愛のパートナーがいない原因を女性に押し付け、女性嫌悪を募らせている異性愛の男性）。

男社会におけるミソジニーとホモソーシャルが、女性への加害につながる。その典型的な例が、リアルナンパアカデミーの集団準強姦事件だろう。

7人の逮捕者を出した当事件の記事によると、塾生たちはナンパした相手との性交回数をLINEグループで共有して競い合っていたそうだ。女性とセックスすることよりも、仲間から称賛を集めること、男同士の勝負に勝つことが目的になっていたという。塾生は「(塾長の指示に従わなければ)村八分にされると思った」と語り、塾長はミソジニー丸出しの発言を繰り返していた。

渡部の件についても、男性優位社会が産むミソジニーやホモソーシャルの問題として論じるべきではないか。「なんであんな美人の奥さんがいるのに浮気するんだろ」とかしょうもないこと言ってないで。

かくいう私も女子会で芸能人の不倫のニュースをネタにして、「杏ちゃんかわいそう」「東出の血は何色だ？」「杏ちゃんの育児を手伝いたい」と好き勝手に話している。そしてきっと、半年後には忘れている。その頃にはまた新たな不倫のニュースが出ているだろう。

そうやってただ不倫ネタとして消費するだけじゃなく、その根っこにある問題について議論したい、とフェミニストとしては思うのだ。

『ボーイズ　男の子はなぜ「男らしく」育つのか』には、以下の文章がある。

『若い男性たちのあいだで（略）支配的でタフな男らしさを体現しようとする傾向は、うつ、薬物乱用、いじめ加害、非行、危険な性行為、性的満足度の低さ、パートナーへの虐待などと関連付けられている』

『逆に、男らしさのルールに同調しない男の子たちや、その基準を充分に満たせない、あるいは満たそうとしない男の子たちも、いじめのターゲットになったり、ばかにされたり、排斥されたりというリスクを負う』

こうした男らしさの呪いをとく鍵は、包括的性教育にあるという。愛情や親密性の育みを大事にする性教育によって、『男の子たちは、楽しいセックスと健康的な恋愛関係は、支配とコントロールではなく、敬意と双方の充足感から生まれるのだという意識をもつようになる』そうだ。

海外の国々では、こうした包括的性教育の成果が出ている。世界一進んだ性教育をしているオランダでは「初性交年齢が高く、10代の出産中絶率も低い」というデータがある。正しい性知識を教えることで、子どもは自分を守れるようになるのだ。

一方のヘルジャパンでは「子どもに性知識を教えると性が乱れる」「寝た子を起こすな」と思考停止していて、国が子どもを守る気がない。たとえ恋人同士でも同意のない性交はレイプだという基本すら教えず、「男には性欲があるから」と加害者を擁護して「家に行った女が悪い」と被害者を責める風潮が強い。おまけにレイプものや痴漢もののアダルト作品はジャンジャン見放題。

それでは斉藤氏が言うように、性暴力加害者は再生産され続けるだろう。

自殺したうちの父親は、有害な男らしさをじっくりことこと煮込んだようなおっさんだった。子どもの頃の私は父にふざけて胸や尻を触られていて、あれは性暴力だったと大人になってから気づいた。同じような話を複数の女性から聞いたが、子どもは正しい性知識を教えてもらわないとわからないのだ。

それどころか、テレビで男性芸人が「幼い娘と風呂に入った時にあそこをイジった」と笑いながら話すのを見て、父親ってそういうものなんだと刷り込まれた。

こうした刷り込みは今も日常の些細な言葉に潜んでいる。たとえば「できる男は浮気する」「浮気は男の甲斐性」といった言葉も「モノにした女の数が男の価値」という男社会の価値観だ。そこには「モノ」にされて利用される女の尊厳など存在しない。

ちなみに『できる男はウンコがデカい』『できる男は超小食』という本を見たこと

があるが、超小食でどうやってデカいウンコを出すのか？　あとＪＪが無理にデカいウンコを出そうとすると、脳の血管が切れるリスクがあるので注意しよう。

なんの話をしてたんやっけ？　もＪＪの口癖だが、ウンコウンコ言ってる我も44歳の大人である。私は大人として子どもを守りたいし、誰の尊厳も奪われない社会を目指したい。それが大人の責任だと思うから。

以上が拙者の考えなので、渡部を罰したいとか、人力舎にナマハゲを送りこみたいとか思っていない。むしろ義によっては助太刀いたす、とまでは言えないが、彼が適切な教育やカウンセリングにつながることを願っている。

ＪＪがクソリプを浴びても傷つかなくなった理由（２０２０年9月1日）

今年の夏はコバエが多い。

これも異常な猛暑の影響だろうか。一日に20匹ぐらいコバエを叩き落としていたら、動体視力が上がった気がする。そのうち宮本武蔵になれるんじゃないか。

コバエはなんの脅威にもならないが、とにかくウザい。その点はクソリプに似ていると思う。

ＪＪ（熟女）の私はクソリプが来ても「コバエが湧いとるわ」としか思わない。クソリプが大量発生するのは記事がバズった時なので、それだけ広く拡散されたんだなと考えている。

だが物書きになりたての頃は、クソリプにいちいち傷ついた。なのでメンタルを削られる気持ちはよーくわかる。

25歳のライター女子から「記事がバズって好意的なコメントを何百件もらっても、ごく少数のクソリプが気になって引きずっちゃうんです。アルさんは平気なんですか？」と聞かれて、「3分たつと忘れちゃうんだよね」と答えた。

私もクソリプを見た瞬間はイラッとするが、ちょっと用事をしたりするうちに「なんやったっけ？」と記憶が消滅するのだ。「なんの話をしてたんやっけ」がＪＪの口癖だが、忘却力がプラスに働く例である。とはいえ最近は3秒前のことも忘れるので、脳ドックでも行こうかしら。

私自身はクソリプはスルー派だが、「スルーすればいいのに」と他人に勧める気は一切ない。

フェミニストのツイートがバズると、アンチフェミからのクソリプが殺到する。彼らは声を上げる女が気に入らなくて、叩きたいだけなのだ。そんなミソジニーのみそつかすとまともな対話などできないし、相手するだけ無駄無駄無駄無駄ッ！

というのは私個人のスタンスであり、クソリプにきちんと説明や反論を返す人を尊敬するし、応援している。彼女らは「スルーした方が楽」なんてことは百も承知で、自分の意見を表明しているのだ。

身を削って戦う人に「スルーすればいいのに」「いちいち怒らなくても」と痛みのない場所から言うのは失礼だろう。それに何に対してどう怒るかを決めるのは本人だ。私は自分の怒りをコラムで表現して、彼女らはツイッターで表現している。戦う場所が違うだけで、共に戦う仲間だと思っている。

あと私はデジタル世代じゃないため、１４０文字にまとめるのが下手なのだ。短歌教室でも通おうかしら。

ノーリアクション侍を貫く拙者は、クソリパーに粘着されたことはない。彼らはストーカーと同じで、とにかく反応が欲しいから。ＦＢＩで人質交渉のトレーナーをする分析医が、厄介な人から身を守る方法として「反応しない、返答しない」を徹底すること、と述べていた。

粘着系のクソリパーはブロックされても、別アカでクソリプや誹謗中傷を送ってくるそうだ。ツイッター社には、押すと相手が爆発四散する秘孔ボタンを開発してほしい。しかしツイッター社はあてにならないので、自衛するしかないのが現状だ。

クソリパー対策に有効なのは「貴殿は私の訴訟に耐えられるかな？」というイキりオタク返しだろう。この言い方は恥ずかしすぎるので「弁護士に相談中です、スクショとURLも保存してます」と表明すれば、コバエコナーズ的な効果がある。

私も有意義な批判や反論には耳を傾けるが、クソリプは見当違いでトンチキな内容ばかりなのだ。「アンダルシアのコラムは〜」とか書いてあって、そもそもろくに読んでいないし。また「ブス」「ババア」「死ね」といった、小学生以下の悪口を送ってくるクソリパーも多い。

身体的な暴力は加害者が罰せられて当然なのに、言葉の暴力はスルーしろと被害者が言われるのはおかしい。ネット上の誹謗中傷はもっと問題視されるべきだ。

私は15年前にデビューして以来クソリプを浴び続けて、すっかり慣れてしまった。だから今はもう傷つかないが、スカがトロってるわけじゃないので、こんなものには慣れたくない。

男性向けに恋愛コラムを書いていた時は特にひどかった（こちらのコラムは『ゼロから始めるオクテ男子愛され講座』に収録）。コメント欄に金太郎飴みたいなクソリプが何百件もつき、ブス！　ババア！　まんこ！　と未就学児レベルの悪口が並ぶ。というと未就学児の皆さんに失礼なぐらいの内容だった。

かつ、ペニスの画像を添付したメールも何度も送られてきた。女性に対する嫌がらせとしてペニス画像の送付はあるあるで、フェミ仲間の多くが被害に遭っている。レターパックでカメムシを送られる以上に迷惑な話である。

当時は「ゲロ以下のにおいがプンプンするぜッーーーーッ!!」とメールを消去しつつ、心底うんざりしていた。

記事のPVを分析すると、クソリプや嫌がらせメールを送ってくる人の割合は全体の0・5%にも満たなかった。ほとんどの読者はまともな良識のある男性で「コラムを読んで女性とコミュニケーションできるようになった」「彼女ができた」「結婚できた」といった報告をもらって嬉しかった。

クソを投げてくるのは、ごくごく一部の人間である。そう頭ではわかっていたが、コバエみたいなクソリプがウザすぎて「男性のために書きたい」というモチベーションがなくなってしまった。

それで女性向けのコラムだけ書くようになり、「クソリプが全然来ない！　なんて快適」と暮らしていたが、フェミニズム系のコラムを書くようになるとクソリプが再来。生きとったんかワレー!!　と懐かしい気分で、即ブロックする我である。

私にクソリプを送ってくるのは、ほとんどが男性だ。「クソフェミめ、男を悪く言うな」「オタクを迫害するな」というクソリパー諸君には「きみたちが男性やオタク代表を名乗るな」と返したい。きみたちのような良識のない一部の男性が、良識のある男性やオタクの足を引っ張っているんやぞ。

P127で書いたように、フェミニストの女友達は毎日おまんこ連呼メールを送ってくる男性のことを「可哀想になる」と言っていた。私は彼女のように菩薩みはないが、たしかに憐れみを感じる。赤の他人に毎日おまんこおまんこ送る人生とは……??

充実した毎日を送っていれば、毎日おまんこおまんこ送ったりはしないだろう。フェミニストに嫌がらせをする以外に楽しみがないとしたら、それはとても気の毒な人生だ。

クソリパーをブロックする際、私は相手のプロフィールやツイートを見て「どんな人物なのかな?」と想像している。彼らの多くは女の悪口と韓国中国の悪口をツイートしていて、「安倍総理支持」「真の愛国者」とか名乗っている。アンチフェミとネトウヨのシンクロ率の高さはフェミ界では有名な話だ。

また「金がなくてモテなくて友達もいない、こんな自分は虐げられた弱者だ」という趣旨のツイートもよく見かける。だから自分より下の存在を求めて、嫌がらせや攻撃をすることでストレス発散しているのかもしれない。

「自分が不遇なのは奴らのせいだ」「自分の権利が不当に奪われている」という歪んだ被害者意識から「だから奴らを叩く！」と歪んだ正義感に燃えているのかもしれない。それらの行為に依存することで、現実の生きづらさや劣等感から逃避しようとしているのかもしれない。「アンチフェミ」「ネトウヨ」という共通の仲間から称賛されることで、孤独がマシになるのかもしれないな……。

なんてことを想像しつつ「知らんがな」とブロックしている。こっちはクソを投げられる被害者なのだから。

彼らに一言いうとすれば「今の日本の社会で生きづらいなら、その社会の仕組みを作ったのは誰か考えてみたら？」である。それは女でも韓国中国の人でもなくて、自民党のおじいさんたちだと思うぞ。

こういうこと書くとまたクソリプが来るが、速やかにブロックする。悪質な誹謗中傷や嫌がらせには法的に対処する。貴殿は私の訴訟に耐えられるかな？　とイキってみたが、正直面倒くさい。拙者は毎日やりたいことがいっぱいあって、貴殿らの相手をしている暇はないのだよ。

ツイッターなら指先1つでブロックできるが、日常生活でクソリパーに遭遇した時はどう対処すればいいか。

セクハラやパワハラと同様、曖昧な笑顔で返すと「嫌がってない」と誤解されたり、「こいつには何言ってもオッケー」とナメられたりする。よってその場でギャフンと言わせるのがベストだ。拙者は昭和生まれなので、ぴえんじゃなくギャフンだ。

こちらの「フェミさしすせそ」を考えたので、職場や飲み会で使ってほしい。

「さすが〜！　ジェンダーギャップ指数121位のヘルジャパン」
「知らなかった〜！　ミソジニストだったんですね」
「すごーい！　マンスプのお手本みたい」
「センスいい〜！　安土桃山生まれですか？」
「そうなんだ〜！　ごめんなさい、あなたの話に興味ないです（苦笑）」

クソリパーの手口を知るのも役に立つ。

たとえば「ワタバウティズム（Whataboutism）」とは、トランプ前大統領がよくやる「じゃあこの問題はどうなんだ？」という返しである。Aの問題について話しているのに「じゃあBの問題はどうなんだ？」と論点をずらして、相手を黙らせるのが目的だ。

痴漢被害の話をしているのに「冤罪もあるだろ、それはどうなんだ？」と言ってくる男性なども典型である。そんな時は「今その話はしてないし、論点をずらすんじゃない」とピシャリと返そう。

また「シーライオニング」とは、礼儀正しく誠実なふりをして、クソみたいな質問を繰り返すことを指す言葉だ。相手を疲弊させて時間を浪費させるのが目的で、粘着系のクソリパーが好む手口である。

これを逆に応用して「今は女性差別なんてないだろ」と言われたら「えっ、なんでそう思うの？　その根拠は？　ソースは？　エビデンスは？　文献は？」とネチネチ質問を繰り返そう。そこで相手がしどろもどろになったら「ちょっと何言ってるかわからない」とサンドウィッチマン返しをキメよう。相手がムッとしたら「いやいや、冷静になってくださいよ（苦笑）」「議論から逃げるんですか（苦笑）」と宇宙一ウザい返しをしよう。

逆にこちらが質問されたら「興味があるならググれカス」とピシャリと返そう。

「丁寧に説明して俺を納得させてみろ」と上から聞いてくる奴に、時間を割いてやる必要はない。

クソリパーに対しては、質問返しがおすすめだ。相手が吉良吉影なら爆殺される恐れがあるが、吉良吉影はわざわざ女にからんでこない（指しか興味ないから）。

「丁寧に説明して俺を納得させてみろ」とからんでくる相手には、逆に質問を返して「おまえが説明して俺を納得させてみろよ」と迎え撃とう。

なんでそう思うの？　なんでそんなこと聞くの？　それってどういう意味？　と質問して、相手がしどろもどろになったら「ちょっと何言ってるかわからない」とサンドウィッチマン（略）。

たとえば「なんでフェミニストなのに○○してるわけ？」と聞かれた場合（○○にはメイク、ヒール、脱毛、肌の露出、結婚などいろんなパターンがある）。

「なんでフェミニストなのに結婚してるわけ？」

「えっ、なんでそんなこと聞くの？」

「べつに深い意味はないけど……」

「ふーん、深い意味はないんだ」

ここで会話を終わらせてもいいし、「私が結婚してることとフェミニズムと何の関係があるの?」「フェミニストは結婚しちゃいけないと思ってるの? なんでなんで?」と質問をかぶせてもいい。

相手がしどろもどろになったらサンドウィッチマン返しをするか、または「フェミニズムやジェンダーについて学びたいなら、この本がおすすめ」と推薦図書返しもアリだ。ちなみに私は初心者でもわかりやすい入門書として『これからの男の子たちへ』『ジェンダーについて大学生が真剣に考えてみた』を紹介している。

「フェミニストって面倒くさいよな」とか言われたら「あなたもフェミニズムに興味を持ってくれたのね、嬉しいわ、だったらこの本がおすすめ」と勧めてみよう。そこで「いやべつに興味ないけど」と言われたら「じゃあなんでフェミニストの話したんだよ？」とプーチン顔をキメよう。

「現実に性差別はなくならないだろ？」とドヤられて、うまく返せなくて悔しかったといった話を女性陣からよく聞く。

以下、各シチュエーションに合わせて使ってほしい。


「それって人種差別や障がい者差別に対しても言う？」

「現実に性差別がなくならなくても、減るべきだと思わないの？」

「減るべきだと思うなら、なんでそんなこと言うの？」

「現実に性差別や性暴力に苦しむ人がいるのに、なんで？」

「自分とは関係ないと思ってるの？」

「要するに、自分さえ良ければいいってこと？」

「何に興味をもつかは、私が決めることでしょ？」

「なんで女性専用車両が作られたのか知ってる？」

「なんで企業はメンズデーをやめたかわかる？」

「それを作ったのは女じゃないよね？　誰が作ったと思う？」

「○○だから、差別されても当然ってこと？」

「○○だから、差別を訴える権利はないってこと？」

「それはあなたが決めることじゃないよね？」

「今その話はしてないけど？　論点をすりかえたいの？」

「こちらの話は聞かないけど、自分の話は聞けってこと？」

「その問題は女を叩いても解消しないよね？」

「だったら男性差別解消のために活動したら？　なんでしないの？」

「男はつらいんだから、女もつらくなれってこと？」

「みんなで我慢して不幸になろうってこと？　なんのために？」

「なんで私があなたに丁寧に説明して、あなたを納得させなきゃいけないの？」

「あなたの理解力のなさは、あなたの問題だよね？」

「あなたが私の意見に興味あると思うわけ？」

「えっ……ひょっとして、言葉の意味がわからないの？」

「失敬、キミにはちょっと難しかったかな？（苦笑）」

「東京のおじさん、どうした？（苦笑）」

対話するかどうかを選ぶ権利は自分にある。こちらを尊重しない相手を、尊重してやる必要はない。相手がこちらの意見に耳を傾け、真摯に対話する姿勢があるかを見極めよう。

そしてクソリパー諸君には金太郎飴みたいなやつじゃなく「おっ、そう来たか」「おもしれー奴」と感心するようなクソリプを見せてほしい……と思うアンダルシア、じゃなくてアルシンドなのだった。

「あなただったら、どうしますか?」とJJは質問したい。

（2020年10月1日）

YouTuberの名前がわからない、もJJ（熟女）あるあるではないか。

三度の飯よりYouTube、というJJもいるだろう。だが私の周りでいうと「ヒカキンしか知らないし、ヒカキンの動画も見たことがない」「せやろがいおじさんしか知らない。彼はまだ34歳で意外とおじさんじゃないことを知った」みたいなJJが多数派だ。

「何かを検索すると動画が出てきて、テキストで説明してくれと思う」「わかる！動画を最後まで見続ける集中力がない」「私は老眼だからスマホの画面を見るのがつらい」と時流についていけない俺たちだ。

私でいうとTikTokの読み方もあやふやで「チックタックじゃないのは知って

るけど……ティクトック？」ともごもごしている。

そんな拙者であるが、人気ＹｏｕＴｕｂｅｒのシオリーヌちゃんと動画を製作することになった。２０２０年10月11日の国際ガールズ・デーに公開予定なので、ぜひ見てもらえると嬉しい。

#性暴力を見過ごさない　#ActiveBystander

こちらが動画のテーマである。Active Bystanderとは「行動する傍観者」という意味だ。

海外には性暴力の介入プログラムがあり、そちらの文献によると「性暴力を見過ごす人（passive bystander）」と「性暴力に介入する人（active bystander）」の２種類が存在するらしい。

性暴力やセクハラの現場に居合わせた時、「自分には関係ない」と見て見ぬフリをする人もいるだろう。一方「本当は行動したいけど、自分に何ができるかわからない」と動けない人もいると思う。
そんな人々に向けて、動画では様々なシチュエーションを描いている。「何かはできるのに何もしないことは、性暴力に消極的に加担していることになる」というメッセージも脚本に込めたつもりだ。

たとえば、痴漢をタックルで仕留めるのは無理だろう。でも被害を受けてそうな女性に「ひさしぶり」と声をかけるとか、それなら私にもできるんじゃないか。自分ができることからやっていく、それが性暴力を見過ごさない社会につながるんじゃないか……と私はつねに考えていて、たまに思考が口から漏れている。ＪＪはいろんなパッキンがゆるむお年頃。

『男が痴漢になる理由』の著者・斉藤章佳さんと対談した時、私がこの話をしたら「アルテイシアさんの意見に大賛成ですね」と同意してくださり、次のお話を聞かせてくれた。

『痴漢問題でもよく、加害者と被害者、どちらにアプローチするのが有効なのかという議論が起こります。しかし、現実的にはどちらもピンポイントでアプローチするのは非常に難しい。そうなったときに、その状況をとりまく第三者である傍観者＝サイレント・マジョリティの関心をどのように高めていくことができるかという視点が重要になります。（周囲の人々が）痴漢行為を見て見ぬふりをしないように啓発していくことが、痴漢を防止するためにもっとも効果的なのではないか、という結論に達しました』

という話に膝パーカッションしすぎて地面が揺れた。

痴漢の再犯率の高さは有名である。逮捕されても痴漢をやめない加害者に「チカン、アカン」と訴えても「アカンな、やめとこ」となるわけがない。

また、斉藤さんの『痴漢加害者のうち99％は男性であり、痴漢問題は〝男性の問題〟だと言えます』という言葉にも、膝パーカッションしすぎて地殻変動が起こった。

性犯罪の加害者の95％以上が男性、被害者の90％以上が女性である。痴漢がいなければ痴漢冤罪はなくなるし、女性専用車両だっていらない。加害者がいなくなれば、性犯罪はなくなるのだ。

現実に性犯罪をゼロにするのは無理だろう。でもまともな良識のある男性であれば、性犯罪を少しでも減らしたいと思うだろう。だったら、そのために何ができるか真剣に考えてほしい。そんな願いから、動画の主人公を「傍観者の男性」にした。

また全シチュエーションを「男性が女性に加害する場面」にしたのは、性暴力の現状を反映したからだ。

それでもハイパークソリプクリエイターは「男を性犯罪者扱いするな！」と騒ぐだろう。

彼らは性犯罪を減らしたいなんて望んでおらず、性犯罪を減らすための活動を叩きたいのが本音だから。そんなコバエみたいな騒音は無視するが、悪質な誹謗中傷や嫌がらせについては法的に対処するので、首を洗って待っていろ。

一方、まともな良識のある男性でも、性犯罪の話題になると「自分が責められている」「加害者扱いされたくない」と身構えたりする。

ほとんどの男性が加害者じゃないことなど百も承知だ。そしてほとんどの女性は何らかの性被害に遭っていて、ほとんどの男性は一度も性被害に遭ったことがない。その非対称さゆえ、被害者目線で考えづらい男性が多いのは事実だろう。

そんな男性たちに、加害者でも被害者でもなく、傍観者として自分に何ができるのかを考えてほしい。そのキッカケとして今回の動画が役立つと嬉しい。


つい先ごろも、アルテイシアは激怒した。激怒案件が多すぎて血管が心配だが、それは20代女子からこんな話を聞いたからだ。


彼女が駅を歩いていると、中年のおじさんに全速力でぶつかられて派手に転んだそうだ。周囲も唖然としていたが、声をかけてくれる人はいなかったという。

「この話を女友達にしたら、みんな一緒に怒ってくれて、心配してくれました。でも男の人は口をそろえて『俺はそんなことされたことないけどな〜』って言うんですよ」

「その時に初めて知りました。男の人は普段からぶつかられたり、通りすがりに舌打ちされたり、怒鳴られたりしないんだって」

普通に歩いているだけで、ぶつかりおじさんに狙われたり、卑猥な言葉をかけられたり、胸や尻に触られたりする。女性が日常的に加害されている現実を、自分には見えない世界があることを男性にも知ってほしい。

また、同世代の女友達が話していた。「私は身長170センチ以上あるせいか、痴漢に遭ったことなかったのよ。でも妊娠中と出産後にベビーカーを押してる時に、男性から嫌がらせや加害を受けた。彼らが抵抗できない弱い存在を狙うってことが、身に染みてわかった」

そんな卑劣な連中を許せない、一匹残らず駆逐してやる……と、まともな人類なら瞳孔が開くだろう。そうやって良識ある全ての人々が声を上げれば、社会を変えていける。

逆に「自分には関係ない」という無関心が、加害しやすい社会を作ってしまう。加害の現場に居合わせた時、その場で加害者のうなじを削ぐのは無理でも、被害者に声をかけることはできる。

「その場で犯人が捕まらないと意味ない」というクソリプも来るが「大丈夫ですか？」と声をかけるだけでも、被害者は安心するし救われる。「助けてくれる人がいる」という安心感、社会に対する信頼があれば、被害者は助けを求められる。逆に誰も助けてくれないと絶望してしまうと、助けを求めても無駄だと1人で抱え込み、支援につながることもできない。

私は鈍足の中年女性だが、誰かがぶつかられて転んだらメロスのように駆けつけたい。いつも瞬足を履いて出かけようかしら。

今回の動画には、男性上司が女性の部下にセクハラする場面もある。

痴漢やぶつかりおじさんと違って、セクハラは加害者に自覚がない場合が多い。

「相手が嫌がってると思わなかった」「コミュニケーションのつもりだった」と本気で勘違いする加害者が多いからこそ、行動する傍観者が必要なのだ。

『ワイドナショー』で武田鉄矢が「セクハラは必要悪」と語っていたが「昔は気軽にお尻に触られてよかったわ〜」と回顧する女性は見たことがない。彼らは「昔は自由でおおらかでよかった」と言うが、その自由は誰かの犠牲の上に成り立っていたのだ。それを理解できない老GUYがドヤ顔で説教してんじゃねえ!!

と指原莉乃は武田鉄矢に言えないだろう、そこには上下関係が存在するから。

ハラスメントは強者から弱者に行われる。イヤでもイヤと言えない立場の被害者は、曖昧な笑顔で返すしかない。かつ周りも空気を読んで笑っていると、加害者はそれがセクハラだと永遠に気づかない。

同調圧力の強いヘルジャパンで、声を上げるのは勇気がいる。でも声を上げる人が増えることで、セクハラを許さない空気が作られていく。

浪速の石田ゆり子の二つ名をもつ女友達が、こんなエピソードを話してくれた。

職場でおじさん上司が女性社員に「今日も旦那と子作りするのか？（笑）」と言った時、男性の先輩が「それセクハラですよ」と注意したそうだ。すると部長はバツが悪そうな顔になり、その手の発言を控えるようになったという。

ゆり子いわく「その先輩は夫婦で不妊治療をしてたから、自分事として考えられたのかもね」とのこと。「悔しいけど、女の私が注意しても『怖いなあ（笑）』と茶化されたと思う。男尊女卑がしみついたおじさんって男の話しか聞かないから」という言葉に「それな！」と膝パーカッションしすぎて、俺の膝はもうぼろぼろだ。このままではヒザ大僧正からヒザ阿闍梨《あじゃり》に進化してしまう。

ヒザはさておき、男性の声は届きやすいという特権を自覚して、もっと積極的に声を上げてほしい。

太田啓子さん著『これからの男の子たちへ』の対談の中で、小学校教師の星野俊樹さんが次のように話している。

「特権をもつ側が行動すべきというのは実際の教育現場にも言えて、たとえばお母さんたちが頑張って学校に要望しても聞き入れられないことが、お父さんが言うと違ったりするんですよね。差別などの問題では、特権をもたない側よりも特権をもつ側が声をあげたほうが何倍も効力をもつ。たとえばセクハラが起きたとき、被害者の女性がいくら抗議しても『そのくらいのことで』と笑われたりして、まともに相手にされない。でも、周囲にいた男性が『いや、その発言はまずいんじゃないですか』と言うと、組織はそれを真剣に受け取ることがあるんですね」

「これはいまの社会が男性優位社会であることの反映でもありますが、同時に、被害者ではない人の発言なので中立的な意見として受けとめられる。男性が、みずからの特権性や発言力を自覚した上で、それをよい方向に行使するということが大事なんです」

「ノブレス・オブリーーージュ!!!」と必殺技みたいに叫びたい。ちなみに私は「ノブリス・オブレージュやっけ？」とあやふやでもごもごしている。

「あなたは性暴力がなくなればいいと思いますか？」と質問したら、ほとんどの男性はイエスと答えるだろう。であれば動画の主人公のように「自分にできることは何だろう？」と男性にぜひ考えてほしい。そして私も「自分だったらどうするだろう？」とつねに自分に問いかけたい。

ＪＪは宮沢賢治顔で考える。「私だったらどうするだろう？」

（２０２０年11月1日）

最近、同い年の男友達に孫が生まれた。

彼がＦａｃｅｂｏｏｋに「孫メッチャかわいい」と投稿しているのを見て「孫……!!」と息を呑んだ。孫という名の宝物の価値がわかるのは、大泉逸郎みたいなおじいさんだと思っていた。彼のお陰で、44歳の自分はおばあさんになってもおかしくない年頃なのか……と気づきを得た。

ＪＪ仲間の金田淳子さんがこんなツイートをしていた。ＹｏｕＴｕｂｅでダイエット商品などのＣＭが入るのがウザいと思った金田さんは、性別を男性に設定してみたそうだ。すると、入れ歯安定剤のＣＭがジャンジャン入るようになったという。

我々は入れ歯を安定させたいお年頃だったのか……という気づき。ちなみに見守りポットのCMも入るそうだが、我々は生存確認される親側かもしれない。

ＹｏｕＴｕｂｅと言えば、人気ＹｏｕＴｕｂｅｒのシオリーヌちゃんと製作した、「＃性暴力を見過ごさない」動画が公開された（https://youtu.be/sp1e9hk97w）。

公開直後から爆速で拡散されて、ネットで多数のコメントが寄せられ、様々なメディアから取材してもらった。

私は「どうすれば性暴力を駆逐できるのか」とずっと考えていて、「加害者でも被害者でもなく、傍観者に呼びかけることが必要だ」と思ったことが、この動画を作ったきっかけだ。

動画の性暴力シーンに対して、女性からは「超あるある」「リアルすぎて泣いた」と共感の声が寄せられた。一方、男性からは「本当にこんなことあるんだ」と驚きの声が寄せられた。

周りの男性陣も「ラピュタは本当にあったんだ」とパズー顔になっていた。それぐらい、男と女では見えている世界が違う。

日常的に女性が加害されている現実を男性に知ってほしい、そんな思いから主人公を傍観者の男性にした。傍観者視点にしたことで、多くの人が自分事として考えてくれたのかもしれない。

動画を見た女性からは「こうやって助けてくれる人がいれば、あの時の自分は救われた」という声が寄せられた。男性からは「これからは周りを注意して見ていきたい」「自分にもできることがあるとわかった」という声が寄せられた。

柔道黒帯の男友達は「自分でも反撃されるのが怖くて、その場で犯人に注意するとかはできない、だからこの動画はすごく助かる」と感想をくれた。私も含めてそういう人が多数派だからこそ、何かできることはあると伝えたかったのだ。

動画を見た女性からいただいたコメントを紹介する。

〈すれ違いざまに突き飛ばされたり胸を触られたことも、しつこくナンパされたことも、上司にセクハラされたこともあったけど、それ自体だけでなく周りの人に〝見て見ぬふりをされた〟ことにも自分は傷付いていたんだなぁ、と思ったら涙が出た。声

をかけられる人間でいたい〉

被害者は周囲の無関心にも傷つく。性暴力をしにくい社会に変えていくために、自分に何ができるかを一緒に考えてほしい。

みたいなことを取材では話している。当コラムでは、取材で話していないことを書きたい。

動画の出演者のキャスティングは、フェミ仲間で役者の三木万侑加ちゃんにお願いした。彼女はフェミニズムや性暴力について発信していて、そうした問題に理解のある役者さんたちに声をかけてくれた。

万侑加ちゃんも盗撮される女性役で出演していて、次のコメントを寄せてくれた。

〈撮影をして驚いたのは、エスカレーターで盗撮されても全く気づかないことです。リハの段階でスマホをスカートの下に差し出されても、何も感じなくて。

知らないまま被害に遭っている人が大勢いるのでは……と恐ろしくなりました。だ

からこそ、周りの人がどう行動するかが本当に大事だな、と改めて意識しました〉

私も電車内で盗撮被害に遭ったことがある。その時は気づいたけど怖くて逃げることしかできなかった。また「盗撮」でネット検索すると、盗撮モノのAVや盗撮用の小型カメラの通販サイトが出てきて、ゲボ吐きそうになる。

世界のポルノの約6割が作られており、性産業先進国と呼ばれるヘルジャパン。カナダ人の友達が「日本のBUKKAKEという言葉は有名だ」と教えてくれたが、無論うどんの話ではない。

アンチフェミの皆さんは自己紹介に「真の愛国者」とか書いているが、こういうのを憂いたらどうか。

また、万侑加ちゃんは次のコメントも寄せてくれた。

〈私自身、仕事場でセクハラを見かけた時には注意しています。でも私がいない場で「三木さんがいたら言えないけど……」と男性からセクハラを受けた、と友人たちちから報告されて、悔しく感じます。だからこそ『〇〇がいたら』の〇〇が増えてほしい、それが性暴力をしにくい社会につながる、と強く思います〉

他の役者さんたちからもコメントをいただいたので、その一部を紹介したい。


上司にセクハラされる女性役の、大恵彩乃さんのコメント。

〈撮影中、演技として肩を抱かれるだけでもすごく怖かったです。あの場で傍観者が一言言ってくれるだけで、本当に救われた気持ちになり、ジーンと泣きそうになりました。

あと、上司役の方から撮影前に「嫌な思いをさせてしまうかもしれない、すみません」と私に対してご配慮があり、人として本当に素敵な方だなぁと思いました〉

動画のセクハラ上司がリアルすぎてムカムカしたが、このエピソードを聞いて心がポカポカした。冷え性のＪＪにはありがたい。あの上司のように本人にセクハラの自覚がないからこそ、周りが指摘することが重要なのだ。

セクハラ上司役、及びぶつかりおじさん役の内田健介さんのコメント。

〈恥ずかしながら、私もぶつかりおじさんの存在をあまり認識していなくて、インターネットで動画を見たり、コメントを読んだりして調べました。

僕自身、気がついてなかった、もしくは見て見ぬふりをしていたということですから、今回出演して知ったことで、次見かけた時は何か行動がとれるかもしれないと思いました〉

〈今回の動画に対しても、女性からのコメントが多いようで、女性が受けている嫌がらせに気がつく男性がそもそも少ない、という問題が根底にはあるようです。

この動画を見て「これも性暴力なんだ」と自覚し、街中で気がつく人が増えたら良いなと思います。人の目がある、というだけで抑止力になると思います〉

このコメントを読むだけで泣けてくる。ＪＪは涙腺やら歯茎やら色々ゆるむお年頃。

盗撮犯・ナンパ男・薬物混入の加害者役の吉田能さんのコメント。

〈正直な話、僕も撮影前にプロットを受け取った時は「これは根本的解決になるのだろうか？」と考えもしました。この動画内では誰も逮捕されてないし、知り合いのフリしてナンパを追い払っても、すぐまた別の女性に声をかけ始めるだろうし。

でも、多くの女性が「私の時もこんな人がいてくれたら良かったのに」とコメントしてるのを見て、被害者が周囲の人を味方だと信じられる事がとても大事なんだ、と気づかされました。そして、一人ではなくみんなでアクションを起こすのが大事なんだと。だからこういう動画が必要なんですね〉

感無量（感無量）

こんな素晴らしい役者陣に出演していただき、感無量である。なのでその思いをラップにしてみた。

出演いただき感無量！　最高の演技の四重奏！　送るぜ皆に俳優賞！　性暴力撲滅、超重要！　この声届け、菅首相！　ＹＯ！

我ながら拙いライムだが、そのぶん伸びしろを感じる（前向き）。

さて。今回の動画はバズったけどクソリプが少なかった。とはいえ「その場で警察に通報するべき」という批判コメントは数件あった。

当然これは予想していたが、数件しかなかったのは、多くの人が動画のメッセージを理解してくれたからだろう。

盗撮、痴漢、薬物混入などを見かけた時に、その場で通報できればベストだ。それはみんな知っている。だが「その場で通報しましょう」と呼びかけたら「自分には無理」と多くの人は思っただろう。「これなら自分にもできそう」と思ってもらえたから、動画は広く拡散されたのだ。

ベストな行動はできなくても、自分にできる小さな行動によって、被害者を助けることができる。助けてくれる人がいる安心感、社会に対する信頼があれば、被害者は助けを求められる。

東にぶつかられて転ぶ人がいれば「大丈夫？」と駆け寄り、西にナンパに困る人がいれば「ひさしぶり」と声をかける、そういうものに私はなりたい。そして一日に玄米四合と味噌と少しの野菜では物足りないので、ケンタッキーとか食べたい。

ＪＪは宮沢賢治顔で「私だったらどうするだろう？」といつも考えている。たとえば薬物混入現場を見かけた時、私もその場で通報はできないと思う。相手は犯罪するようなヤベー奴だし、何されるかわかんないし、どっどどどどうどどうしよう……と又三郎になってる間に、女性がトイレから戻ってきてしまうだろう。

そこで「犯人はお前だ！」と金田一少年にはなれない。桂三枝のように、椅子ごと引っくり返って酒をぶちまける。三国志の張飛のように、酒乱のふりして「レッツパーリー!!」とからみにいく。

それならギリギリできるかな？　いやとっさには動けないかも……と想像すると、「女性がトイレに行ってる間に、店員に耳打ちして酒を交換させる」が一番やりやすい気がする。

また、飲み会で女性の肩を抱いてお酌させるのが、取引先の社長だったら？　と想像すると「それセクハラですよ」と指摘するのは難しいと思う。

そんな時は「いやー御社の新商品は最高ですね！　マーベラス!!」とか言いながら、間に割って入りたい。進撃のハンジさんのように、空気読めない奴になりたいと思う。

もしくは被害者に「体調悪いとか言って帰っていいよ」と耳打ちするのは、やりやすいんじゃないか。

最後に、女性からいただいたコメントを2つ紹介する。

〈お酌のシーンの女性、まさに私だった。そして動画のとおり一声かけて止めてくれた男性がいた。この一声があってからはセクハラがピタッと止まった。

あの時にどれほど救われたか。アクションが無かったら永遠にセクハラされ続けただろうなと思うと吐き気がする。たった一言だけで救える世界があるんだよ〉

〈中学の教師をしています。動画を拝見して、これは誰かに伝えたい、広めなきゃダメだと思い、自分のクラスの道徳の授業で動画を元に性暴力について考えました。

授業の後、生徒たちがワークシートの感想欄に「私にもできることがあると分かった」「自分もactivebystanderになります」と書いていて、見せてよかったと思いました。未来を担う子どもたちのために、今、私にできることをやろうと思います〉

アメリカの高校や大学では「第三者介入教育トレーニングプログラム」が広く行われており、プログラム導入によって、性暴力の事件数が47％減った高校もあるという。

何もかもはできないけど、何かはできる。私も今、自分にできることをやろうと思う。

ジャニーズはジェンダー担当に拙者を雇ってはどうか（2020年12月18日）

女友達がファミレスに行った時、4歳の息子さんに「このくだものは何？」と聞かれて「マンゴーよ」と答えたら「マンコ！　マンコォォォーーーー！！！」と連呼されて、困ったそうだ。

44歳のJJ（熟女）も隠語を言いがちだが、さすがにファミレスで連呼はしない（息子さんは単なる言い間違いだが）。

子どもが人前で「うんこ！」「ちんちん！」と連呼するので困る、と悩む親御さんは多いという。

子どもは下ネタが大好きなので、うんこ漢字ドリルもヒットした。たしかにこのドリルの例文はユニークだ。

「ずっと前から、うんこがもれる予感がしていました」などハラハラするものもあれば、「駅長のうんこが線路の上に置かれている」など事件性を感じるものもある。「会社にうんこの絵を飾ったところ、業績が上がったそうだ」という例文には「ワイも飾ってみよかな」という気になった。

でも実際は飾らないし、人前でうんこと叫んだりもしない。なぜ子どもは「うんこ！」「ちんちん！」と叫ぶのか……心が叫びたがっているから？

という謎の答えが『おうち性教育はじめます』に書かれていた。

本書はイラストレーターのフクチマミさんと、性教育の専門家である村瀬幸浩先生の共著である。先ほどの謎について、村瀬先生はこのように答えている。

「幼児にとって、うんちやおしっこを出すことは気持ちいい。しかも『上手にできたね』と褒められて、誇らしい気持ちになる」「その感覚を覚えているから、基本的に子どもはうんちやおしっこの話が大好きなんだ」

大好きでも公共の場で叫ばれると困るよね。というわけで、そんな時の対処法も書かれている。

うんこちんちん問題だけじゃなく、本書は様々な問題について解説されている。

プライベートパーツについてどう教える？
性被害から子どもを守るためには？
一緒にお風呂に入るのはいつまで？
子どもが性器さわりをしていたら？
子どもがスカートめくりをされたら？
子どもがアダルトサイトを見ていたら？
パートナーが性教育に無理解、非協力的だったら？
子どもはいつからセックスしていいんだろう？
避妊について、いつどう伝えればいい？……等など。

子どものいないＪＪも大変勉強になったので、全国民に読んでほしい。
本書でも指摘されるように、日本の性教育はかなり遅れている。一方、日本では世界のポルノの約6割が作られていて「性産業先進国」と呼ばれている。そのため、多くの子どもがポルノを性教育の教科書にせざるを得ない状況になっている。

村瀬先生いわく「現実とフィクションを見分ける力がつくのは、少なくとも10代後半から」だそうだ。にもかかわらず、子どもでも簡単にアダルト情報につながれてしまう。しかも痴漢ものやレイプものと呼ばれるコンテンツが溢れていて、性暴力とセックスの区別がつかなくなるリスクがある。

『男が痴漢になる理由』の斉藤章佳さんと対談した時に「痴漢をする男性の中には、痴漢もののAVを繰り返し見たことがキッカケになったという人はいます」「性犯罪が学習された行動であるという前提で考えると、痴漢やレイプもののAVが誰にでも簡単に閲覧できるような状況は非常に危険だと感じます」と仰っていた。

私の元には「エロを規制するフェミ」と金太郎飴みたいなクソリプが飛んでくるが、エロが悪いとも、エロを描くなとも言ってない。性暴力をエロやギャグとして描くな、と言っているのだ。

国民的アニメ『ドラえもん』にも、いまだにしずかちゃんのお風呂シーンが出てくる。しずかちゃんは「のび太さんのエッチ！」と湯をぶっかけるが、翌週にはさくっと仲直りして、将来結婚までしてくれる。

それを見て「風呂覗きは犯罪だ」と子どもは理解できるだろうか？　学生時代に女湯を覗いたエピソードを笑い話のようにする大人の男性も多い。

性犯罪にゆるすぎるガバガバ国家で「子どもを被害者にも加害者にもしたくない」と不安を抱える親は多いだろう。

本書に書かれているように、性教育を学ぶことは「性犯罪の被害者・加害者にならない」「低年齢の性体験・妊娠のリスクを回避できる」といったメリット以外にも、「自己肯定感が高まり、自分も人も愛せる人間になる」など多くのメリットがあるそうだ。

村瀬先生は「子どもが自分の性や体に対して肯定的に捉えられるようになって、自己肯定感の高い人間に育つ」「自分だけでなく相手も尊重できるから、幸せな人間関係を築く力の土台となる」と語っている。

Ｐ１５５でも書いたように、海外では包括的性教育が成果を上げている。正しい性知識を教えることで、子どもは自分を守れるようになるのだ。

かたや日本は「性知識を教えると性が乱れる」「寝た子を起こすな」の一点張りで、子どもを信用してないし、守るつもりもない。

「海外に学んだら死ぬ病気なのか？」と自民党のおじいさんたちを正座させて詰めたいが、私にそんな権力はない。「チカラガ……ホシイ……」と震えつつ、『おうち性教育はじめます』が続々重版で売れまくっていることに希望を感じる。

ちなみに拙者も7年前、正しい性知識とセックスの方法を綴った『オクテ男子のための恋愛ゼミナール』を出版した。

この本は細々と売れ続けていて、私にしては隠れたヒット作なのだが、べつに隠れなくていい。拙者の本はめったに話題にならないのが残念だ。


私がこの本を書いた理由は、女性読者からセックスの悩みが多く寄せられるからだ。「初体験の時に痛いと言ってるのに『そのうち気持ちよくなるから』と彼氏が動きを止めてくれなくて、セックスが怖くなった」「『外出しすれば大丈夫』と彼氏が避妊をしてくれない」等など。

そうした悩みを読むたび「今からそいつをこれからそいつをグレッチで殴りにいこうか」と怒髪天を衝くが、全員グレッチで成敗するのは無理なので、この本を書いたわけである。


こちらは大人向けの本だが、大人の男性にこそ「学び落とし」をしてほしい。

20代の女友達が「痴漢を目撃したらどうする?」と男友達に聞いたら「俺は何もしないかな、触られてる女性も喜んでるかもしれないし」と返ってきたそうだ。まさに認知の歪みの極みである。

実際、私も電車で痴漢に遭った時「誘ってるんだろ？」と犯人の男に囁かれた。「こいつはヤベぇッー!!」とダッシュで逃げたが、女は痴漢されたがっていると本気で信じている輩もいるのだ。

「環境で悪人になっただと？　ちがうねッ!!　こいつは生まれついての悪《ワル》だッ！」とスピードワゴンは言っていたが、彼らもオギャーと生まれた瞬間、認知が歪んでいたわけではないだろう。ポルノで学習してしまって、現実とフィクションの区別がつかなくなったのだろう。

斉藤章佳さんの著書『セックス依存症』の対談の中で、AV男優の森林原人さんが次のように語っている。

「以前の僕は、女性がセックスで『イヤ』とか『やめて』と抵抗することに興奮を覚えていた時期もありました。いわば『イヤよイヤよも好きのうち』を真に受けていた。『女性器は挿入したら自動的に反応する装置』くらいの認識でした」

「しかし近年、性的同意について学んでいくにつれ、女性の嫌がる様子を見るとすごく萎えてしまうようになりました」


これについては私も理解できる。以前の私は美少年がムチャクチャにされる系のBLを読んでいたが、今は読めなくなった。

石油王や天狗が美少年をムチャクチャにするシーンを見て「俺もムチャクチャにしてやりてえ」と思ったことは一度もないが、異世界ファンタジーとしても楽しめなくなったのだ。

同様に「フェミニズムを学んで、無理やり系のBLが無理になった」と話す腐女子は多い。

男同士のセックスを壁のシミになって見ていたけど、それでも攻めが受けを無理やり襲う系の描写を受け入れられなくなった。性暴力をエロとして消費することに、嫌悪感を抱くようになったと。

正しい知識をインプットすることで、感覚がアップデートされる。大人にはこうした学び落としが必要だし、子どもには認知を歪ませないための教育が必要だと思う。村瀬先生も「子どもの頃から『自分や相手の心や体を大切に扱うこと』を教えておけば、(現実とフィクションを)見分ける力が育つ土台になる」と語っている。

『これからの男の子たちへ』の著者であり、友人でもある太田啓子さんと対談した時に「一度学んだものを削ぎ落とすのは大変な作業だから、まず『身につけさせない』ことに大人が注意を払うべき」と話していた。

小学生の2人の息子を持つ太田さんは、子どもが見るテレビや漫画について制限はしていないそうだ。ただし一緒に見ている時にラッキースケベやジェンダー差別的なシーンがあると「お母さんはこれは良くないと思う」と丁寧に説明してきたという。

すると長男氏はその手のシーンになると「お母さん、わかってるよ!」と宣言するようになったんだとか。また次男氏が「男のくせに泣くなよ」とお友達にからかわれた時、長男氏が「男とか女とか関係ないよ」とすかさずフォローを出したそうだ。

太田さんに育てられたい人生だった。完。

子どもの頃、私は父に胸や尻を触られていて、「あれは性暴力だったのか」と大人になってから気づいた。子どもは正しい知識を教えてもらわないとわからないし、子どもは親を選べない。だから本来は性教育を家庭任せにするのではなく、義務教育で教えるべきだ。

でも自民党のおじいさんたちに期待はできない、となると市井の人々が性教育を学んでアップデートしていくしかない。それによって、性暴力を見過ごさない社会に変わっていくだろう。

親子ガチャがハズレだった元子どもとして、『おうち性教育はじめます』を書いてくださった著者のお二人に感謝したい。

昨今あちこちで炎上の狼煙が上がっていて、燃えるべきものが燃える時代になった。時代は少しずつでも良い方向に進んでいるな……と思っていた矢先、『快感インストール』の予告を見て腰を抜かした（快感インストール……dTVで配信されたドラマ。女性の体に触れると、その女性の性的シーンが見えるという設定。合意のない接触シーンに批判が殺到した）。

私がキスマイのファンだったら、ショックで憤死しただろう。なぜファンの女性の多くが性被害に遭っていると想像できなかったのか、なぜ誰も止めなかったのか……と天を仰いでいたら、キスマイファンの女子から「ショックで自律神経が乱れまくって、命の母ホワイトを飲みました（泣）」とLINEをもらって胸が痛んだ。

彼らもファンを悲しませる気はなかったはずだ。まともな性教育を受ける機会がなかったことが悲劇を招いたのだろう。

というわけで、ジャニーズはジェンダー担当に拙者を雇ってはどうか。ギャラはいらないので、ファンに命の母ホワイトをプレゼントしてほしい。

ハイヒールもラブグッズも断捨離した44歳のＪＪ事情（２０１９年8月1日）

先日、トイレに行ったら漆黒のウンコが出て仰天した。

「ウンコ　漆黒」でググろうとした瞬間、前日にイカスミパスタを食べたことを思い出した。

ウンコを持参して病院に駆け込まないために、イカスミを食べた日はメモろうと思う。そのメモったことも忘れるのがＪＪ（熟女）のチャーミングなところだ。

また、ハイヒールで階段を駆け下りるお嬢さんを見ると「くノ一かしら？」と感動するのはＪＪあるあるだ。

ＪＪはハイヒールを履くと秒で足が痛くなるし、何より転んで死ぬのが怖い。そんな我々にとってフラットシューズの流行は福音である。ひと昔前は「おしゃれは我慢」と言われたが、今は快適でおしゃれな靴がいっぱいある。エフォートレスブーム万歳である。

＃ＫｕＴｏｏの石川優実さんに「スニーカーで仕事する気かよ」とクソリプが殺到していたが、女の靴を見たことないんか？　と聞きたい。きちんとしたデザインのフラットシューズなどいくらでもある。

「ハイヒールを履きたい女性の権利ガー」とクソリプもついていたが、履くと履かされるの違いもわからないなんて、頭蓋骨の中身はウンコなの？　と聞きたい。

＃ＫｕＴｏｏの成果によって、ヒールの強制をやめる企業も出てきた。たとえば、ＮＴＴドコモはショップ店員の靴をスニーカーに切り替えたそうだ。そのニュースに「やるじゃねえかドコモ」と称賛の声が上がっていたが、誰よりも称賛されるべきは石川優実さんだろう。かつて莫大な予算をかけてクールビズが拡散されたが、今回は1人の女性がツイッターで社会を変えたのだ。

そもそも地震や災害の多いこの国で、ヒールを強制するなど馬鹿げている。もし私が緊急時にハイヒールを履いていたら「生きねば」という気力すら失うだろう。
そんなわけで、生きるためにクローゼットの9センチヒールを断捨離して「思えば遠くへ来たものよ」と呟いた。

遠くへ来たと言えば、先日、6歳年上の女友達と飲みに行った。バブル世代の彼女は「バブルと寝た女」を自称しており、「若い頃はディスコでナンパしてきた男と高層ビルの谷間で立ちバックをキメたわ〜」と超バブルっぽい話を聞かせてくれる。

独身主義の彼女はセフレが途切れない女だったが、「ついに生理が上がったようだ」と閉経宣言されて、ひとつの時代が終わった気がした。「もう死ぬまでセックスはいらぬ」と性欲ゼロ宣言もしていたが、我も全力で膝パーカッションだ。

私も20代はタッパーに詰めておすそわけしたいぐらい性欲が余っていたが、今では逆さに吊るしても一滴も出てこないぐらいカサカサだ。同じくカサカサのＪＪたちと「性欲に振り回されずにすむって解放感あるよね」と喜び合っている。

私の場合はオナニーの回数も激減して、今ではｉｒｏｈａを肩や首にあてて使用している。

セックスコラムを書いていた時にメーカーさんからラブグッズをよくもらったが、「性欲も減ったし、膣は1つしかないしな」と数年前にバイブの断捨離を行った。

こんまり流に1つ1つバイブを手に握りしめ、「これはときめく……のか？」と選別したところ、デザインがおしゃれなものが残った。ＪＪになって性欲は死すとも、おしゃれ魂は死せず、と板垣退助も言っている。

バブルと寝た友人は「生理のない生活、めちゃめちゃ快適だわ〜」と喜んでいたが、その点は私の方が先輩である。40歳の時に子宮全摘手術を受けて、我が人生の幸福度は爆上りした。詳しくは拙書『離婚しそうな私が結婚を続けている29の理由』に綴っているので、よろしくどうぞ。

私は鼻くそをほじってティッシュがないと「食っちまうか」と思うぐらい、面倒くさがりな人間だ。そんな私にとって生理のあれやこれやは死ぬほどウザくて面倒だった。生理に苦しめられた者として、「生理は我慢するもの」という価値観が変わってきたことは嬉しい。

アルテイシアの大人の女子校のメンバーも「ピルを飲んで生理痛とPMSが軽くなった」「ミレーナを入れて生理のストレスから解放された」など情報交換している。

余談だが、私はタンポンを鼻に入れたことがある。特に理由はなく「入れてみようかな」とふと思いついたのだ。それでグイッと押し込んでみたら、鼻の穴が裂けそうになった。膣と違って伸縮性がないので鼻からスイカは絶対出ない。そんな気づきを得ながら、タンポンの紐がぶら下がった状態でニッコリ笑って自撮りした。

鼻つながりのJJ事情といえば、先日、1本だけ長い鼻毛を発見した。定規で測ったら14ミリの長さだった。「鼻毛　1本だけ長い」でググると、こちらも加齢が原因らしい。加齢によるホルモンの減少によって毛周期のコントロールが利かなくなり、

1本だけ長い鼻毛や眉毛が生えるという。

ホルモンの減少と聞くと「更年期……?!」とJJは戦慄する。30代後半は「更年期かしら～」とネタっぽく言っていたが、40歳を過ぎるとガチである。

産婦人科医の女友達いわく、夏の訪れと共に「やたら汗が出るんですけど更年期ですか?」とJJたちが病院を訪れるそうだ。「夏はみんな汗が出ますよ」と答えるのが、季節の風物詩なんだとか。

「今はホルモン治療が進化しているから、更年期をそこまで恐れなくていいよ」と友人に聞いて、未来の不安がひとつ減った。

その他のJJ事情としては、ウンコをきばるのが不安である。脳の血管が切れるんじゃないかと怖いし、もちろん痔も怖い。拙者は毎日快便侍でござるが、たまにウンコが硬い侍になる。鋼のウンコを錬成しながら「ウンコ　硬い」でググったところ、肛門科医のコラムがヒットした。

そのコラムによると、便の水分不足によって肛門の手前でウンコが固まってしまうそうだ。歯磨き粉の先端がカチカチになって出なくなるのと同じ寸法らしい。「アナルを守るために水分補給を忘れずに」とＪＪメモに刻みつつ、人が肛門科医になる理由に思いをはせた。

もちろん人を助ける立派な職業だが、「肛門科医に俺はなる！」と目指したキッカケは何だろう？　家業を継ぐ以外だと、ウンコが好き、アナルが好き……私の文章もウンコやアナルが頻出するので、わかりみがある。

勝手にわかるのもアレなので、医者の友人に聞いてみると「外科から肛門科に移る人が多いのよ。というのも基本、痔で死ぬ人はいないから」「人の生死に関わる大手術をやり続けてるとキツくなってきて、ゆったりした働き方に変えたくなるのかもね」とのこと。

これにも全力で膝パーカッションだ。44歳の私も無理がきかなくなって、ゆったりした働き方しかできない。この無理がきかなくなることを自覚するのは、大切だと思うのだ。

日本人は「我慢！　忍耐！　努力！」と教育されてきたため「いやもう無理やし」と認めるのが苦手だ。それで限界までがんばり続けて、ぶっ壊れてしまう人は多い。人は長期間ストレスにさらされ続けると、逃げる気力すら失う「学習性無気力」の状態になってしまう。

それに自分が我慢していると「おまえも我慢しろ」と他人にも厳しくなる。「本人の努力不足」と自己責任論を刷り込まれると、政治や社会の問題にも気づけない。

「置かれた場所で咲きなさい」という言葉があるが、置かれた場所がドブだと永遠にドブから抜け出せない。無理や我慢が苦手な方が自分を守れるし、自分に合った居場所を見つけやすい。

私はアスファルトをぶち破るド根性大根じゃなく、割れ目自慢のセクシー大根になりたい。まばらに生えた股白髪がチャームポイントだ。

新卒で入社した広告会社は「仕事のために心臓を捧げよ」みたいな社風で、ポンコツ社員だった私は「なんの成果も得られませんでした!!」と号泣する日々だった。今でもあの頃の夢を見て、汗びっしょりで飛び起きては「終わらない悪夢を見ているようだったよ……」と呟く。

当時「お前は何のために働いてるんだ?」と上司に詰められて「給料と社会保険のためです」とは絶対言えない空気だった。

かつての私は『働きマン』の松方弘子みたいな仕事人間になれない自分に劣等感を抱いていた。一方、今の若い子たちは「私が働いてるのは、推しのためです」とキッパリ宣言して「だから定時で帰ります」と趣味やオタ活を楽しんでいる。

そんな彼女らを見ると、頼もしいなと思う。仕事人間だった父が自殺した時に、仕事を生きがいにすると人生詰むなと実感した。仕事以外に打ち込む趣味や推しがあれば、彼も死なずにすんだのかもしれない。

バブル時代に「24時間戦えますか？　ジャパニーズビジネスマン」というCMが流行ったが、その話を若い人にすると「24時間働いてる間に誰が家事や育児をするんですか？」「そんなブラックな会社ヤバいでしょ、そりゃ過労死しますよね」との感想だった。おっしゃる通りだし、若い人が離れていく会社に未来はない。

股白髪が生えるお年頃なのに、若い頃と同じようにがんばるのは無理である。私は「JJだもの、いろいろ衰えるのは自然なこと」と受け入れて、のんびりと生きている。むしろ、若い奴に負けてたまるか！　みたいな年寄りの方が面倒くさいだろう。

私はもともと先輩風《かぜ》を吹かすのが苦手で、おばあさん風を吹かしている。「アタイについてきな」じゃなく、ガールズの後ろをへっぴり腰でついていき、積極的に頼っていくスタイルだ。

「これわからないから教えて」「できないから助けて」と頼ると、みんな優しい孫のように助けてくれる。年寄りが「べ、べつにあんたの助けなんていらないんだからね！」とツンデレぶってもスベるし、自分の首を締めるだけだ。

私は子どもの頃から人一倍できないことが多かった。昔は他人と比べて落ち込んだりしたけど、今は逆によかったと思う。苦手なことが多いと「俺にできないことを平然とやってのけるッ」と他人のことを尊敬できるなど、プラス面もある。人それぞれ苦手と得意があって、デコボコしているのが人間だろう。

日本は「このキュウリは曲がりすぎ」「このカボチャは形が悪い」と規格外は排除する、品質管理社会だ。昔は「自分はポンコツの欠陥品だ」と劣等感に苦しんだが、人には向き不向きがあり、適材適所がある。それぞれ得意分野で助け合えるのが、みんなが生きやすい社会だろう。

何より私はできないことが多いおかげで、人に頼ることを学んだ。年をとるとできないことが増えて、誰でも助けが必要になる。そんな時、がんばりやさんはできない自分を責めるだろう。

そんな自責しがちな人は「まあいっか」を口癖にしてほしい。「まあいっか」と声に出して言ううちに、本当に「まあいっか」という気分になるから。

私は1日30回ぐらい「まあいっか」と唱えて生きている。「今日も部屋が散らかってるけど、まあいっか」と床に寝転がって、ｉｒｏｈａで肩や首をマッサージしようと思う。

JJ、正月に習わぬラップを読んでみる（2021年1月1日）

新年、明けましておめでとうございます。お正月、おせちもいいけどラップもね！というわけで、JJラップを考えてみた。

俺のフェミニズム　作詞 アルテイシア

刻むぜリズム、俺のフェミニズム
アジェンダは何だ？　それはジェンダー

冗談じゃねえわ、今は令和
我慢も欺瞞もいらねんだわ
忍耐は限界、タイムズアップ！

女の敵は女？　そんなバナナ
わけわかめ、黙れバカめ
真のエネミーはミソジニーなGUY

Stop joking！
Fuckingな連中、くだせ天誅！

HEY MEN！　貴様の棺桶、準備はOK？
HEY MEN！　貴様は老害、CHANGE OR DIE

男尊女卑ダンジョン、ヘルジャパン
起こせアクション、叫べパッション
やったぜベイビー、奴らにバイビー
ブイブイいわせてダイジョーV

我はＪＪ、気分上々
ヘルなジャパンでも気分はヘブン
シスターフッドでレッツラゴー！

我ながら拙いライムだが、そのぶん伸びしろを感じる（今年も前向き）。

帰国子女の女友達が「アメリカの小学校では、国語の授業でラップを作るんですよ」と教えてくれた。私は小学生の時、国語の授業で俳句を作った。だから日本人は五七五にまとめるのが得意で、アメリカ人は韻を踏むのが得意なのかもしれない。

昨今、大学ではジェンダーの授業が大人気だそうだ。若い頃にジェンダーやフェミニズムを学んだ世代が増えれば、社会は変わっていくだろう。そのことに希望を感じる我である。

今回は「私とフェミニズムの出会い」について書きたい。

女子校育ちの私は、共学の大学に進んで男尊女卑にぶん殴られた。サークルもゼミも「男がトップで女はサポート役」が当たり前で、自分の意見を言うと「女のくせに目立つな」「生意気だ」と叩かれた。男子からの見た目イジリやセクハラにもさらされた。

女子校では「人間」として生きられたが、大学では「女」として差別されて、それに怒りを感じたけれど、当時は生き延びるのに必死だった。

広告会社に就職した後も、男尊女卑に殴られ続けた。セクハラやパワハラを受けても「自分が悪いんだ」と思って、痛みや怒りに蓋をしたまま、不眠や過食嘔吐に苦しんでいた。

そんな私に声をかけてくれたのが、Mさんという先輩だった。彼女はとびきり仕事のできる2つ年上の女性で、ポンコツ社員だった私をよく助けてくれた。

当時はパソコン画面を女性のヌード画像にしている男性社員が多かったが、感覚が麻痺していた私は何も感じなかった。彼らに「それって環境型セクハラですよ」と指摘していたのがMさんだった。アメリカの大学で女性学を学んだ彼女は、おじさんたちに「あいつはガイジンだから（笑）」と陰口を叩かれていた。

彼女が田嶋陽子さんの本を貸してくれたことが、私とフェミニズムの出会いである。田嶋陽子さんの著書に夢中になり、そこから上野千鶴子さん、小倉千加子さん、斎藤美奈子さん……とフェミニズムの本を読んでいくうちに、自分を苦しめていたものの正体がわかって「私、怒ってよかったんだ」と気づいた。

Mさんに出会っていなければ、私の人生は違っていただろう。たまたま彼女のような先輩に出会えた私はラッキーだった。

「ジャニーズはジェンダー担当に拙者を雇ってはどうか」の章で「彼らもファンを悲しませる気はなかったはずだ。まともな性教育を受ける機会がなかったことが悲劇を招いたのだろう」と書いた。

性教育やジェンダーについて学ぶ機会がなかったことは、本人だけの責任じゃない。小学校で俳句よりフェミニズムを習えればよかったのに。

石川優実さん責任編集『エトセトラVoL．4 女性運動とバックラッシュ』で、石川さんは次のように書いている。

「フェミニズムに出会うまでの約30年間、私はずっと自分を信じられなかったし、自分は間違っているんじゃないかと思ってきたし、自分のことが大嫌いだった。ずっと、女性差別というバックラッシュを受け、まんまとその効果通りの自分で生きてきたのだった。

でも、フェミニズムと出あった今はもう違う」

わかる（わかる）と膝パーカッションが止まらない。ワイもフェミニズムの響きだけで、強くなれる気がしたYO！

20代の女友達は「フェミニズムに出会って、視力が良くなった感じがします。見たくないものも見えてしまって、傷つくこともあるけど、見えなかった時代には絶対戻りたくないじゃないですか」と話していた。

私もフェミニズムに出会う前は、誰かにぶつかられても何にぶつかったのかわからなくて「私が悪いんだ」と自分を責めていた。「こんなの痛くない」「怒ってもしかたない」と感情を押し殺して、本来持っていたはずの強さや感受性を殺していた。

そこから20年の月日が流れ、JJになった私は性差別やセクハラにバチボコに怒っていて、それが文章を書く原動力になっている。「怒りじゃ何も変わらない」「怒ってばかりで疲れませんか」的なクソリプも来るが、ダブルピースで元気いっぱいに生きている。

また、読者の女性たちから「私も法螺貝を吹きます」「グレッチをもって出陣します」と言っていただき「我が生涯に一片の悔いなし!!」とラオウ顔で拳を突き上げている。今生でこんな嬉しい言葉をもらえたら、来世はチンアナゴでオッケーだ。

Mさんとは現在も交流があって「なんか右肩が痺れるんだよね」「私は左腕が痺れてますよ」とＪＪトークに花を咲かせている。ＪＪはいつもどこかが痺れているお年頃。

46歳の彼女は小学生の娘さんを育てながら、今もマーベラスに働いている。広告会社を退職した後に外資系企業で働いて、数年前、日本の企業に管理職として転職したそうだ。その時、会社の男尊女卑すぎる体質に愕然としたという。

「男性の部下がミスした時に注意すると、大声で逆ギレされるのよ。『私が男性だったら同じように怒鳴る？』と聞いたら『だってMさんは女性じゃないですか！』と開き直られて……結局、女の下で働くのが気に食わないだけなんだよね」

そんなことが積み重なって「仏の顔もスリータイムズやぞ」と嫌気がさした彼女は、

ふたたび外資系企業に転職した。

男尊女卑にうんざりして、優秀な女性たちが離れてしまう。ただでさえ人手不足の日本なのに、泣きっ面にビーである。それで「女性活躍（キラキラ）」なんて、どの口が言う？ Ｆｕｃｋｉｎｇな連中、くだせ天誅！

「娘には自分みたいな地獄を味わってほしくないから、できれば海外の学校で学んでほしいし、海外で仕事してほしい」とMさんは言っていた。周りの子持ちの女性たちも同じように話している。

また「この国で子どもを産み育てるのがムリゲーすぎる」と、子どもを産まない選択をする女性も多い。「この国で育つ子どもが可哀想だと思うんだよね、女の子だったら特に」と彼女らは語る。

戦後に日本国憲法で男女平等が定められ、家制度が廃止されたが、この国はずっと男女不平等のままである。

選択的夫婦別姓に反対する政治家の本音も「女は文句言わず夫の姓を名乗れ」だろう。彼らは時計の針を明治に戻したいのだ。

「女は黙って家事育児してろ。そうやってタダ働きさせて経済力を奪えば文句も言えないし、浮気されて殴られても従うしかないし、やっぱ家父長制ってサイコー！」という本音がポロッと漏れて「誤解を招く表現をフンガフンガフン」と言い訳するのだ。

2年前、大相撲の春巡業で土俵上にいた市長が倒れた時、看護師の女性がすばやく救命処置を行った。その間「女性は土俵から降りてください」というアナウンスが何度も流れた。

あの映像を見て、これが日本だと思った。伝統を守りたいおじさんたちのせいで、人が死ぬ。おじさんのおじさんによるおじさんのための政治によって、国が滅びる。

日本は本音と建前の国と言われるが、我々はとっくに彼らの本音に気づいている。おじさんたちは男尊女卑を守りたいのだ、その方が自分たちにとって都合がいいから。

「夫婦別姓を認めない日本の男性リーダーの女性蔑視思考とは」という記事で、井田奈穂さんが次のように語っている。

「私が選択的夫婦別姓制度の導入に向けた活動のため、最初に政治家と名の付く人、つまり地元や国会の議員さんに会い始めたのは2018年のことでした。

このとき言われて衝撃的だったのが、『選択的夫婦別姓というものを許してしまうと、女性が男性と同じ権利を持っていることに国民が気付いてしまう』『それを許すと女性天皇が生まれる機運をつくってしまう』『八百万の神に守られた日本は男性の系譜でずっと来ていたにもかかわらず、それを崩すことになる』という言葉です」

「貴様の棺桶、準備はOK?」とエドモンド本田のようにスーパー頭突きをキメたい。だが「貴様は老害、CHANGE　OR　DIE」と迫っても、おじさんたちに変わる気はないだろう。

だったら空っぽになった国で相撲でも取っていればよい。

私も本気で無理になったら日本から出ていくつもりだが、もうしばらくはこの国の行く末を見てみたい。

日本全体が巨大な男子校みたいなものだけど、私は女子校みたいな世界で生きていて、若い頃よりは生きやすい。昔は男尊女卑に対する怒りをシェアできる仲間が少なかったけど、今はフェミニズムに目覚める仲間がどんどん増えている。世界中で女性たちがどんどん声を上げ始めている。

そうした変化を目の当たりにして、絶望の中にも希望を感じているから。だから俺は歌うんだYO！　精一杯、韻を踏んで。というわけで、皆さんのラップも聞かせてもらえると嬉しい。

ＪＪはこんなディストピアを望んでいない（2021年3月1日）

内閣誕生のニュースを見るたび、僕はいつもため息をつく。

令和になっても、内閣のメンバーはおばあさんだらけだ。男性の閣僚はいつも1人か2人で、お飾り程度しかいない。そもそも男性の政治家が1割程度しかいない。この国ではおばあさんのおばあさんによるおばあさんのための政治が続いている。

日本がジェンダーギャップ指数121位に輝くのは、男性の政治家や管理職が極端に少ないからだ。つまり社会の仕組みを作る側、意思決定する側に男性がいない。そんな女性リーダーばかりの国では、女性支配的な社会になって当然だろう。

「クオータ制を導入すると、実力のない男性がフンガフンガ」と反対する女性に聞きたい。もしこれが逆だったらどう思う？

政治家の9割が男性で、会社の役員の9割が男性。そんな絵面を想像すれば、偏りすぎだと気づくだろう。それが逆だと気づかないのは、感覚が麻痺しているからだ。

オギャーと生まれた瞬間から女尊男卑に浸かっているから、性差別があることに気づけない。

少し前に、86歳の森喜子元総理がこんな発言をした。

「男性がたくさん入っている理事会は時間がかかります」

「男性っていうのは競争意識が強い。誰か1人が手を挙げると、自分も言わなきゃいけないと思うんでしょうね」

「組織委員会にも男性は何人かいるが、みんなわきまえておられます」

彼女の言う「わきまえろ」とは「男は黙ってろ」「男の声など聞く気がない」という意味だろう。

森さんの失言フレンドである麻生花子元総理は、1983年に「男性に参政権を与えたのが最大の失敗だった」と発言している。「男は黙ってろ」「男に人権はいらない」、それが彼女らの本音であり、そんなおばあさんたちがいまだに政界のトップにいるのがヘルジャパンだ。

選択的夫婦別姓に反対する政治家の本音も「男は文句言わず妻の姓を名乗れ」だろう。彼女らは時計の針を明治に戻したいのだ。

「男は黙って家事育児してろ。そうやってタダ働きさせて経済力を奪えば文句も言えないし、やっぱ家母長制ってサイコー！」という本音がポロッと漏れて「誤解を招く表現をフンガフンガフン」と言い訳するのだ。

森発言に批判の声が集まると「そんなに叩かなくても」「寄ってたかっていじめるな」と擁護する人々がいたが、叩かれているのはどっちだ？　と聞きたい。

昔は男性差別にぶん殴られても、我慢するしかなかったのだ。発言しても直接殴られないネットが普及したお陰で、男性たちが声を上げられるようになった。

みたいなことを書くと「男性差別なんてもうない」「今はむしろ男尊女卑だ」「メンズデーはどうなんだ？」とクソリプが飛んでくる。たった数百円の値引きなんかいらないから、賃金や雇用を逆転させてくれよと言いたい。

結局クソリプを送る女性たちも「男は黙ってろ」と言いたいだけ、声を上げる生意気な男を叩きたいだけなのだ。

そんな赤潮みたいなクソリプは無視するが、ミサンドリストじゃない女友達から「今は男性差別なんてないでしょ」「気にしすぎじゃない？」「そんなに怒らなくても」とか言われるのはつらい。

どうすれば、わかってもらえるんだろう？

そうやって気にせずにいられることが特権なのだと。きみたちだって足を踏まれたら怒るよね？　そんなに怒らなくてもと言えるのは、無意識に足を踏む側だからだと。

「自分1人でタクシーに乗る時と妻と一緒に乗る時では、運転手さんの態度が違う」

「不動産や銀行の担当者は妻だけに名刺を渡して、妻だけに話しかける。自分は透明人間になった気がする」

男友達が妻にそう話すと「ほんと？　気にしすぎじゃないの」と言われるそうだ。

女と男では、見えている世界が違う。育ってきた環境が違うから、ミョウガが好きだったり、差別が見えなかったりするのだ。

1976年生まれの僕が子どもの頃、祖母の家に法事に行くと、父とおじさんたちは台所で働いて、母とおばさんたちは広間で宴会していた。

僕には姉がいるが、祖母の期待は長女の娘である姉に集中していた。僕の方が姉より勉強ができたけど「男の子は勉強なんてできなくていい」「賢すぎると結婚できないよ（ドッ！）」とおばさんたちにイジられた。

一方、父は「これからは男も自立するべき」「勉強していい大学に入っていい会社に入れ」が口癖の教育パパだった。専業主夫だった父は、息子に自己実現を託したんだと思う。

我が家は「仕事人間の母と専業主夫の父」という典型的な昭和の家庭だった。母は出産後すぐ仕事復帰して、家事育児を父に丸投げしながら、いつもいばっていた。「誰が食わせてやってるの！」と怒鳴る母に父が耐えるしかなかったのは、経済力がなくて離婚できなかったからだ。

父の時代は、結婚が永久就職と呼ばれていた。
妻に生殺与奪を握られて、家政夫・保育士・看護師・介護士・男娼の五役を務めなくてはならない。そんな専業主夫を女社会は「ただ飯食い」「女をATM扱いする男」とバカにする。

あまりに理不尽すぎて、父がいつもイライラと愚痴をこぼしていたのも理解できる。

でも当時の僕は「お父さんみたいになりたくない」と思っていた。

だから勉強をがんばって、トップ校に合格した時はさすがに祖母も喜んでくれた。

「男にしておくのはもったいない」「姉弟が逆だったらよかったのに」と言っていたけど。


僕が小学生の時は「級長は女で副級長は男」が当たり前だった。大学生になっても、ゼミやサークルでは「女がトップで男はサポート役」が当たり前だった。男の僕が意見を言うと「男のくせに目立つな」「生意気だ」と叩かれた。


社会人になってからも、女尊男卑に殴られ続けた。

当時は男子社員がお酌や取り分けをするのが当たり前で、うまくできないと「男のくせに気がきかない」「男子力が低い」「そんなんじゃ結婚できないよ（ドッ！）」とおばさん上司にイジられた。

僕の同期に男子は2割しかいなかった。狭い門をくぐり抜けた彼らはみんな優秀だったけど、プロジェクトリーダーに抜擢されるのはいつも女子だった。男子は結婚して辞めるかもしれないから、という理由で。

「女社会で認められたければ、女並みに働け」「男は結婚育児してこそ一人前」。そんなふたつの価値観に引き裂かれたのが、僕たちの世代だった。

一方、若い世代は共稼ぎで家事育児を分担する夫婦が増えている。とはいえ夫の負担が大きくて、日本の子育てパパの睡眠時間は世界一短いと言われている。

妻が育児に関われないのは、女性も子育てする権利を奪われているということだ。

女性の同僚が育休をとりたいと上司に伝えたら「出世コースから外れてもいいの？」と暗に脅されたらしい。また女性社員が子どものお迎えのために残業を断ると「旦那の尻に敷かれてる」「夫に頭が上がらない恐夫家」と揶揄されたりもしている。

こんなヘルジャパンで、政治家のおばあさんが「少子化が進むのは男がワガママになったから」「子育てを大変と言い過ぎるのが問題」とか言うのを聞くと、暴徒と化しそうになる。

世界ではクオータ制によって男性議員がどんどん増えているのに、日本は置いてきぼりだ。日本は今、世界中から「女尊男卑のヤベー国」と思われている。

男というだけで入試で減点されて、就職でも差別されて、職場では「男には期待しない」「がんばっても無駄だ」と頭を押さえつけられ、がんばらないと「やっぱり男は仕事ができない」とナメられる。

子どもができても「保育園落ちた日本死ね」だし、保育園に入れてもワンオペ育児で死にそうになり、そんな状況で「文句言うなら結婚するな、子どもを作るな」と言われたら「そうします！」と食い気味に答えたくなるだろう。

男友達も「ヘルジャパンで子育てするのがムリゲーすぎる」「この国で育つ子どもが可哀想、男の子だったら特に」と話している。僕自身、子どもが欲しいとは思えない。自分みたいな地獄を味わってほしくないから。

僕らのこの声も、政治家のおばあさんたちには届かないんだろうな。彼女らは、男の声など聞く気がないから。

子どもの頃、いつか日本にも男性総理が生まれるのかなと期待していた。でも今は、僕が生きている間には無理だなと絶望している。

完。

オエー！！！！！！！！

この文章を書きながら、ＪＪ（熟女）はオエーとなった。私はこんなディストピアを望んでいない。自分が踏みつけられるのもイヤだが、誰かを踏みつけるのもイヤだ。

いつの世もフェミニストは誤解されがちだが、男女逆転したいとか、女性支配的な社会にしたいとか、女将軍になりたいなんて思っていない。「性差別をなくそう、ジェンダー平等な社会にしよう」と訴えているのだ。私が望んでいる世界は、性別、人種、セクシャリティ、宗教、障がい……その他あらゆる差別が存在しない世界である。

ところで一人称を「僕」にすると、村上春樹構文で書きたくなった。

「性差別について語るときに僕の語ること」

僕らが男性差別に声を上げると「男は感情的だ」「冷静に会話ができない」と言われる。やれやれ。

あるいは「踏まれるのがイヤなら、優しくお願いしたら？」「あなたがそんな態度だから踏まれるのよ、まったく馬鹿ね」と彼女らは言う。

性差別について思うときに僕は思うのだが、なぜ踏まれている側が、踏んでいる側に優しくしなくてはならないのか？　それに優しく話してわかってもらえたら、日本はジェンダーギャップ指数121位にはなっていないだろう。

僕は自分がひどくすり減ってしまったような気持ちになって、それをウイスキーで流し込んだ。

結局のところ、僕には世界を変えられないのかもしれないし、あるいはそうじゃないのかもしれない。ため息をつきながら、僕は丁寧にサンドイッチを作って、おまけにパスタを茹でた。

オーケー、であれば僕は僕なりに文化的雪かきを続けるとしよう。まるで冬眠中の熊が春を待つように。やれやれ。

完。

文章の意味がよくわからない。ともあれ、やれやれとか悠長に言うてる場合じゃないのは確かだ。

今回書いたことは全て、私や女友達が実際に経験したエピソードだ。こんなディストピアが女性の生きている現実なのか……と男性陣は思ったかもしれないが、こんなものじゃないのだよ。やれやれ。

セクハラ、性暴力、ルッキズム、生理の苦痛、妊娠出産の負担……その他まだまだのっかってきて、聖飢魔IIもびっくりな世界観に生きている我々は、マジで息してるだけで偉いよな。

改めてそう思ったので、女子はまず自分に優しくしてほしい。美味しいサンドイッチやパスタを食べて、マヌルネコの画像とか見よう。それでパワーを充電したら、この世界を少しでもマシにするために、一緒に声を上げてもらえると嬉しい。

男らしさの呪いが起こした悲劇と、ＪＪの罪滅ぼし（２０２１年２月１日）

ＪＪ（熟女）は夕方になると目が見えないし、冬は日が沈むのが早い。

ＪＪ仲間が夕暮れ時に自転車で出かけた時、スロープだと思って下ったら、階段だったらしい。「階段をガタガタ駆け下りて、ヤンチャな中年女性になってしまった」という言葉に「すごい、ジャッキー・チェンみたい！」と感心した。

運動神経ゼロの私が同じことをしたら、死んでいたかもしれない。ＪＪの悲劇を起こさないためにも「注意一秒、怪我一生」と足の裏に彫りたい。

かつての私はジャッキー・チェンのプロジェクトＡのテーマをそらで歌えたが、今では歌詞を忘れてフンガフンガしか歌えない。

一方で、絶対忘れられない記憶もある。それは大学時代のバイトの先輩だった、平井さん（仮名）のことだ。

当時、私が働いていた教育関係の会社は、ホモソーシャルの巣窟だった。

メンバーの8割が有名大学の男子学生で、体育会系ノリのオラついたタイプが多かった。

「俺らはカースト上位の一軍男子だ！」とイキり散らかす彼らに、ブスイジリやセクハラをされてものすごく傷ついた。

それでも辞めなかったのは、稼げるバイトだったからだ。

親と絶縁していた私は、生活費と学費を稼がなくてはならなかった。だから飲み会で「俺こんなブスと飲むのイヤだ」「お前のウリは巨乳だけだな」とか言われても、我慢するしかなかった。

私が酔拳の達人だったら、まとめて再起不能にしてやったのに。

2つ年上の平井さんは、他の男子みたいに凶暴じゃなかった。彼は背が低くてぽっちゃりで、運動が苦手な文化系のオタクだった。

彼と漫画の話とかしていると「キモいオタク」「こいつの童貞切ってやれよ」と凶暴男子がイジってくるので、あまり仲良くできなかった。

平井さんはイジられキャラとして扱われていたが、あれは完全に弱いものいじめだった。

飲み会で無理やり服を脱がされたり、ポークビッツとからかわれたり、プロレス技をかけられたり……その場にいた社員たちもそれを笑って見ていた。私も傍観者として黙って見ていた。

本当はやめさせたかったが、男子軍団の中に割って入る勇気はなかった。「小学生の時も男子はプロレスごっこしてたし、男同士ってこういうものかも」と思ったりしたが、結局、自分もいじめられるのが怖かったのだ。

だって私はジャッキー・チェンみたいに強くないから。

そんないつもの飲み会で、柔道部の男子が平井さんに関節技をかけた。「痛い痛い、やめて！」と彼が悲鳴を上げても、男子軍団は面白そうに笑っていた。

その翌日、平井さんが病院に行ったら、腕の骨が折れていたそうだ。

そのあと彼も私もバイトを辞めたので、それから一度も会っていない。でも20年以上たっても彼のことを思い出すし、たまに夢に出てくる。

それは何もできなかった後悔、見て見ぬフリをした罪悪感があるからだ。傍観者だった私は消極的に加害に加担していたわけで、その罪の意識を一生抱えていこうと思う。

一方、彼をいじめた連中や骨折させた本人は、多分忘れているだろう。彼らのほとんどは有名企業に就職したが、横領とかで捕まってますように。そして、平井さんがどうか幸せに暮らしてますように。

プロジェクトAの歌詞は忘れても平井さんのことを忘れられないのは、もし私が男に生まれたら、私は彼だったかもしれないからだ。

「もし俺が女に生まれたら、男にチヤホヤされて金持ちと結婚する」など、モテる美女設定で夢想する男性が多いが、私はそこまで脳がおめでたくない。

私が男に生まれたら、落ちこぼれの三軍男子的ポジションだっただろう。男社会でいじめの標的にされて、無理やり服を脱がされて、骨を折られていたかもしれない。

現実の私は大学生の息子がいてもおかしくない年齢だ。もし自分が当時の平井さんの母親だったら……と想像すると、涙が出てくる。

そして、有害な男らしさやホモソーシャルの呪いを滅ぼしたいと思う。

「自分は強い男だ」と証明するために、弱いものをいじめる。「みんなであいつをいじめようぜ」と団結して、男同士の絆を強める。そこから仲間外れにされたくなくて、誰もいじめを止められない。

「人間よ、もう止せ、こんな事は」と高村光太郎も言っている、かどうかは知らんけど、他人を傷つけるのも自分を苦しめるのも、もうやめようじゃないか。

「俺は苦しんでなどいない、弱い男扱いするな」と彼らは言うかもしれないが、弱くてもいいじゃないか。弱いままで生きられる、苦しい時は苦しいと言える社会の方が生きやすいじゃないか。

子育て中の友人たちは、子どもにジェンダーの呪いをかけないよう心を砕いている。にもかかわらず、夫が息子に「男の子なんだから泣くな」「強くならなきゃダメだ」とか言うらしい。そういう言い方しないでと注意しても「男の世界では強くないといじめられるんだ」「この子のために言ってるんだ」と反論されるという。

夫たちの気持ちもわかるのだ。彼らも平井さんのような男子を見てきたのだろうし、自分は平井さんにならないために、必死で強くなろうとしたのだろう。

性別関係なく、強くなろうとするのは悪いことじゃない。打たれ強さや忍耐強さは長所でもあるし、生きるうえで武器にもなる。でも「男らしさ」を押しつけるのは、呪いの再生産につながってしまう。

また「男はタフで強いもの」の裏には「女やゲイみたいに弱くない」という、ミソジニー（女性蔑視）とホモフォビア（同性愛嫌悪）が潜んでいる。

『これからの男の子たちへ　「男らしさ」から自由になるためのレッスン』の対談の中で、小学校教師の星野俊樹さんが次のように語っている。

「(男の子が転んだ時に)『そうだよね。涙が出るよね。泣いていいよ。怖かったよねえ』と共感し、その不快な感情を言語化してあげることで、はじめて子どもは『これは恐怖なんだ』とその感情を認識し、受け入れることができる」

「子どもが自分の負の感情を表出しても、他者が受けとめてくれると感じること。その積み重ねこそが、子どもの感情の健全な発達につながるのです」

「それなのに、言語化する前に『痛くない』とか『泣かないお前は偉い』といきなり言われてしまうと、子どもは自分の負の感情は受け入れてもらえないことを体験的に学び、その感情を抑え込んでしまいます」

その積み重ねによって「自分や他者の感情にふれることを恐れて回避するような心理状態」になったり、「自分の感情を認識できない。同時に、他人の感情に共感する力も育っていない」状態になってしまうという。

わかる（わかる）と膝パーカッションが止まらない。

自分の感情を言葉にするのが苦手な男性は多い。あなたはどう思う？　なぜそう思うの？　と聞いても「…………………」とゴルゴのように無言になられて、語彙が……死んだ……とこちらの法令線が深くなる。

自分で自分の感情がわからないと、他人の感情もわからない。自分の感情を言葉にできないと、他人と理解共感しあい、深いつながりを築くことも難しい。

星野さんは「（過去の自分は）男らしさの呪いの支配下にあったので、全然幸せじゃなかった」「その呪いを解除できたのは、やはりジェンダーに関する概念や学びを得たことと、周囲にもそういうことを話せる人が増えてきたことが大きかった」と話している。

男社会が築いてきた男らしさの呪いに、男性自身が気づいて、手放すこと。男らしさのプレッシャーやストレスから解放されること。それは全人類の幸福と安全につながると思う。

いじめの研究によると、人はストレスが多いほどいじめに加わりやすいそうだ。ストレスを弱いものにぶつけて発散しようとするのは、パワハラや性暴力や虐待にも言えるだろう。

Ｐ１５３で書いたように、リアルナンパアカデミーの集団準強姦事件でも、塾生たちは性交回数をＬＩＮＥグループで共有して、競い合っていたそうだ。女性とセックスすることよりも、仲間から称賛を集めること、男同士の勝負に勝つことが目的になっていたという。

インセル問題も「女をモノにできない男は男社会で認められない」という劣等感から女を逆恨みする、ホモソーシャルの産物だ。

こんな地獄はもうたくさんじゃないか。みんなで一斉に「バルス！」と唱えて、ジェンダーの呪いを滅ぼしていこう。

そうすれば、うちの父親みたいな死に方をする男性も減るだろう。

亡き父は「浪速の石原慎太郎」みたいな、有害な男らしさをじっくりことこと煮詰めたタイプだった。お坊ちゃん育ちで体育会系だった父は、ワル自慢や女遊びを武勇伝のように語っていた。

かつ戸塚ヨットスクール方式で「おまえはナヨナヨしてオカマか！」と息子を殴りつけ、「俺は我が子を谷底に突き落とす獅子だ」とドヤっていたが、最期は飛び降り自殺エンドとなった。

父は事業に失敗した自分を認められず、人生に絶望したのだろう。自分の弱さを認められず、誰にも助けを求められなかったのだろう。自分の失敗や弱さを認める強さが、彼には欠けていたのだ。

父や慎太郎やトランプみたいなおじいさんは、今さら変わらないと思う。年季の入った洗脳を解くのは無理なので、最初から刷り込まないことが大切だ。

スウェーデン在住の久山葉子氏いわく、スウェーデンの子ども服売り場は「男の子向け」「女の子向け」に分かれていないそうだ。また、保育園からジェンダー教育や人権教育を徹底するという。

世間やメディアから刷り込まれる前に、真っ白なうちに教育を受けられる。そんな環境で育った子どもたちは、男らしさや女らしさから自由になって、自分らしく生きられるだろう。

私もスウェーデンに住んで、フェルゼンの墓の聖地巡りとかしたい。でも寒さに弱いＪＪなので、北欧の冬を生き延びる自信がない。なので最近は「ニュージーランド移住」でググったりしている。

老後は笛を吹き、羊と遊んで暮らしたい。でも必死で子育てしている友人たちを思うと、子どもたちが幸せに生きられるように、ヘルジャパンを少しでもマシなジャパンにしたい。

そのために自分にもできることがあるかもしれない。平井さんには一生謝れないけど、せめてもの罪滅ぼしをしたい。

そんなことを思いつつ、かすみ目でこつこつと原稿を書くＪＪなのだった。

報ステの炎上にＪＪが怒りよりも悲しみを感じた理由

（「現代ビジネス」２０２１年３月28日）

テレビ朝日『報道ステーション』のＣＭ動画が炎上した。このＣＭを初めて見た時は「トンチの一種かな？」と思った。報道番組がこんなヤバいＣＭを世に出すなんて、意味不明だったからだ。

だが、かすみ目のＪＪ（熟女）がどれだけ目を凝らしても「よーし、女をバカにしたＣＭを作るぞ！」という意図しか感じられない、ミソジニーの金太郎飴みたいな内容だった。

ＣＭでは、若い女性が「ただいま」と画面に向かって話しかける。

「会社の先輩　産休あけて赤ちゃん連れてきてたんだけど　もうすっごいかわいくって」

「どっかの政治家が『ジェンダー平等』とかってスローガン的にかかげてる時点で何それ　時代遅れって感じ」
「化粧水買っちゃったの　もう　すっごい　いいやつ　それにしても消費税高くなったよね　国の借金って減ってないよね？」
「9時54分！　ちょっとニュース見ていい？」
最後に「こいつ報ステみてるな」とテロップが出る。

全裸で灯油をかぶってキャンプファイヤーするぐらい、炎上必至の内容である。

子どもが好きで美容に関心があり、ジェンダー差別なんて感じておらず、消費税に文句言わない、こいつ呼ばわりされても笑顔の若い女性。そんな「僕の考えた理想の妄想彼女」みたいなやつを無批判に描くなんて、ジャーナリズムの自殺じゃないか。それともやっぱトンチなの？　ぽくぽく。

と一休ポーズで考えていたら、報ステの公式がしれっと動画を削除していた。「意図が伝わらず」「不快な思いをされた方が」というテンプレ謝罪文と共に。「自分は悪くないけど、そっちが誤解したなら形だけは謝りますよ」というヘルジャパンのお家芸である。

CMが批判されたのは、意図が伝わらなかったからじゃない。むしろ制作側の認識、「こいつバカだから俺が教えてやんよ」的な上から目線が伝わったから炎上したのだ。

なにより、差別解消を目指すべき報道機関が、差別解消を目指す人を嘲笑する。その石を投げる役を若い女性にやらせる。「若い子は差別なんて気にしてないし、騒いでるのはフェミのババアでしょ？　あんなのになりたくないし、化粧水つけよっと（キャピ）」と対立の構図を煽っているのが、幾重にもクソすぎる。

報ステはまずこんな役をやらせた役者さんに謝れ、あと化粧水にも謝れ。

しかしテンプレ謝罪文を見たところ、問題の本質をまるでわかってないだろう。わかってないからこんなCMが世に出てしまったのだ。

日本がジェンダーギャップ指数121位に輝くのは、女性の政治家や女性の管理職が極端に少ないからだ。つまり、意思決定する場に女性がほとんどいない。

テレビ局やメディアの女性社員や女性役員の少なさは問題視されているが、テレビ朝日も女性の役員は1人しかいない。それで「ジェンダー平等は時代遅れ」とかよう言うたなと感心するが、だから感覚のズレに気づかないまま、この手の炎上が繰り返されるのだ。

たとえば、内閣のメンバーも政治家も企業の役員も、おばさんとおばあさんばっかり。そんな絵面を想像すれば、今が偏りすぎだと気づくだろう。

それが逆だと気づかないのは、感覚が麻痺しているからだ。オギャーと生まれた瞬間から男尊女卑に浸かっているため、差別があることに気づけない。

それで「差別する意図はなかったフンガフンガ」と釈明する。無意識に骨の髄まで男性優位が染みついていて、何が差別かすらもわからない。

おまけにテレビ局やメディアのトップにいるおじさんやおじいさんは、超エリート強者男性である。差別に踏まれたことがない彼らには、踏まれる側の痛みがわからない。

そんな彼らは「今はもう女性差別なんてない」「むしろ女の方が強い」とおっしゃるが、それは「昔は踏まれても文句言わなかったくせに、文句言うようになるなんて、強くなったなお前」という意味である。

また彼らは「今はすぐに叩かれて生きづらい」と被害者ぶるが、それは「弱いものを踏みつけても怒られない時代はよかったな〜、時計の針を戻したいYO!」という意味である。

報ステの偉い人よ、聞いてくれ。あなたは「視聴者が不快な思いをしたから」ではなく「自分が差別的なCMにゴーを出したから」批判されたのだと認めるべきだ。そのうえで徹底的に検証して再発防止プランを考えて、それを視聴者に報告するべきだ。

でも全然しなさそうだから、ＪＪがぽくぽく考えてみた（優しい）。

過去にも性差別や性暴力を揶揄するような内容のテレビ番組が炎上したことがある。女性が性差別や性暴力について批判すると、気にしすぎ、大げさ、過剰反応、敏感すぎる、いちいち騒がなくても、面倒くさい女だなあ……と返す男性たちがいる。それは「性差別や性暴力なんて大した問題じゃない」と軽視しているからだ。

「過去に何度も燃えてるのにバカなの？」と真顔で聞きたいが、テレビ局に勤める男性たちは高学歴のエリートであり、東大卒とかもゴロゴロいる。

女性に比べて性差別や性暴力に遭いづらい、それは男性のもつ特権だが、人は自分の特権には気づきにくい。

脚本を手がけた「＃性暴力を見過ごさない」動画が公開された時も、女性からは「超あるある」「リアルすぎて泣いた」との声が寄せられた一方、男性からは「本当にこんなことあるんだ」と驚きの声が寄せられた。

このように、男と女では見えている世界が違う。彼らにとって「ぶつかりおじさん」はUMAみたいな存在なのだ。

見えている世界が違うのは、性差別や性暴力だけに限らない。

ドイツに住んでいた女友達いわく、彼女がドイツ人の夫とレストランに行った時と日本人の友人と行った時では、店員の態度が違ったという。その話を夫にすると「気にしすぎじゃない？」「きみはちょっと敏感すぎるよ」と言われたそうだ。

そうやって気にせずにいられること、鈍感でいられることが特権なのだ。そして、強者であればあるほど特権に気づきにくい。

社会が大きな教室だとすると、エリート男性は一番前の席に座っている人たちだ。後ろの席の人からは黒板が見えづらいし、授業の声も聞こえづらい。

一番前の席で後ろを振り返ったことのない人には、それがわからない。弱い立場の人やマイノリティの存在が見えないから、「本人の努力が足りない」「自己責任だ」といって、社会の構造を変えようとしない。

たとえば、東大生の親の半数以上が年収950万円以上だ。親の経済格差が教育格差につながり、努力したくてもできない環境にいる人や、進学という選択肢すらない人もいる。

塾や習い事をする余裕などなく、家計を支えるためにバイトする子どももいる。それを知識として知っていても、リアルで見たことがないため、存在が透明化されてしまう。

「俺だって必死に努力してここまで来たんだ！」と彼らは思っているが、そもそもスタート地点に立てない人が見えていない。そんな人ばかりがメディアのトップにいたら、視野が偏るのは当然だろう。よって同質性の高いメンバーから、多様性のあるメンバーに変える必要がある。

欧米の公共メディアでは多様性の確保に取り組んでいる。たとえば英国BBCは職員やスタッフの雇用において、多様性（性別、障がい、人種、年齢、宗教または信条、性的指向ほか）を反映し、全職場で機会均等を目指すことを表明している。

同時に、ジェンダー教育や社会的公正教育などを継続的に行うことも必要だろう。また立場が下の者が忖度せず、わきまえずに意見を言える環境作りも必要だ。若手スタッフがプロデューサーに「これヤバいっすよ」と意見して「そうか、やめよう！」となる職場だったら、炎上は起こらないのだから。

そのうえで、第三者チェックも必要だろう。このJJでよければ「これ全裸キャンプファイヤーやぞ」と教えてあげますよ（優しい）。

最後に、私は今回の件で希望も感じた。5年前であれば、ここまで批判の声は上がらなかっただろう。

今回の炎上で、他のメディアや企業も「時代遅れな人がトップにいるのはリスクだ」「ジェンダー意識が低いと生き残れない」「アップデートしないとマジでヤバい」

と危機感を抱いたんじゃないか。

昔を懐かしんでも、時計の針は戻らない。いい加減、元号が令和に変わったことに気づくべきだ。

２０１７年にアメリカで#ＭｅＴｏｏムーブメントが起こって、世界中の女性が声を上げ始めた。同時に、フェミニズムにバックラッシュはつきものだ。フェミニズムの波が来ると、それを潰そうとする波が来る。80年代のアメリカでも「フェミニズムのせいで女性は不幸になった」とメディアがネガティブキャンペーンを行った。今回の報ステのＣＭもバックラッシュの１つだろう。

45歳のＪＪは、ベルリンの壁の崩壊も湾岸戦争のニュースも中学生の時にニュースステーションで見ていた。当時の私はニュースステーションが好きだったし、信頼していたのだ。

だから今回のことは怒りよりも悲しみが大きい。初恋の人がネトウヨおじさんになっちゃった気分である。

もし今回の件を徹底検証する特集をやってくれたら「報ステ、やるじゃん」と見直して、「9時54分。ちょっとニュース見ていい？」と報ステをつけるだろう。そういう人は私だけじゃないと思う。

「#二次加害を見過ごさない」ＪＪが毎日納豆を食べる理由
（２０２1年4月18日）

新緑が芽吹く季節、「許せねぇッ！」と吐き気をもよおす邪悪案件が多すぎて、血管がいくつあっても足りないＪＪ（熟女）です。

マリエさんが過去の性被害を告白した動画が話題になった。ネット上ではマリエさんに連帯する声が広がり、私も次のツイートをした。

〈「枕営業」ではなく「10代に対する性行為の強制」「性暴力」と言いたい。欧米だったら逮捕されて実刑になる重犯罪。きっと他にも被害者がいるのだろう。見て見ぬふりをした周りの芸人たちも共犯者。#マリエさんに連帯します〉

「片方の言い分だけ聞くのはどうか」という意見もあったが、そんなこと言ったら誰も被害を訴えられない。ハラスメントは強者が弱者におこなうものだ。弱い立場の者が必死の思いで訴えた声に、真摯に耳を傾けるべきだろう。

たとえば、いじめられっ子が被害を訴えた時に「片方の言い分だけ聞くのはどうか」と言われたら「誰も自分の話を信じてくれない」と絶望して、ますます孤立化してしまう。

また「相手はやってないと言ってるよ」と言われたら「そりゃ言うやろ」と思うだろう。加害者は罪を否定するもの、という前提で話を聞くべきだ。

「片方の言い分だけ聞くのは」系の発言をする人は「自分は中立の立場だ」と主張するが、クラスでいじめがあった時に「自分は中立の立場だ」と何もしないのは、消極的にいじめに加担していることになる。

周りが声を上げなければ、いじめっ子はいじめし放題なのだから。「見て見ぬふりをしてくれてありがとう、おかげでいじめを続けられるよ」と加害者は喜ぶだろう。

誰かが行動を起こすことで被害者を救える。それを伝えたくて、「#性暴力を見過ごさない」動画を作った。

マリエさんも「今でも強要されて仕方なく応じてる子を救いたい」と告白を決めたそうだ。

「私、殺されるかもしれない」と何度も話していたように、性被害を告白すると加害者側から攻撃されたり、世間からひどい二次加害にさらされたりする。伊藤詩織さんのように日本に住めなくなる人もいる。

傷ついた被害者を何重にも傷つける二次加害。このいともたやすく行われるえげつない行為が横行するヘルジャパンでは、テレビやメディアがセカンドレイプを平気で垂れ流している。

その一例がネット記事でも紹介されていた（WEZZY2021年4月8日掲載）。

「2017年放送の『バイキング』（フジテレビ系）では、ハーヴェイ・ワインスタイン氏の問題を取り上げるなかで、坂上忍が『ワインスタインさんがやったことは確かに悪いことなんですけど、逆もあるでしょう、女優さんのほうから実力者に』とゲストの梅沢富美男に投げかけ、それに対し梅沢は『枕営業なんて言葉がね、飛び交っているからね。こんなことは昔からじゃないの。私、言っていいなら喋るけど。こんなことやっているやつはいっぱいいるよ。気をつけろ、本当、テレビ局も映画監督も』などと、性暴力の話を『本当は女性から仕掛けたのに罠にハメられて男性が告発された話』として展開した」

『バイキング』のセカンドレイプ的な放送はその後も続き、2018年に「TIMES' UP」運動を特集した際にも、おぎやはぎの小木博明と坂上が下記のようなやり取りを繰り広げた。

小木「これ僕の意見じゃないんですけど。セクハラを受けたことで売れた人たちもいるじゃないですか、女優さんは。訴えた人の中でもそれで売れた人ってたくさんいると思うんですよ。それを訴えたところで、どっちが悪いって」

坂上忍「それはダメでしょ。合意の上で、利害関係が一致してる」

小木「売れてない人が文句を言ってるんですか？　大スターはそれで大スターになったんじゃないですか？」

女を悪者にして男をかばうホモソ仕草に反吐が出る。スティッキィ・フィンガーズでまとめて輪切りにしてやりたい。

こんなものを垂れ流せば、人々がテレビ離れするのは当然だろう。私がテレビを見ないのも、いちいち血管が切れそうになるからだ。家では大体アニマルプラネットをつけているが、坂上や梅沢や小木が出てこないからである。

一方、日常生活で二次加害発言する人に出くわした場合は、リモコンでミュートできない。

本音は「今日耳日曜〜」と無視して、笛を吹き羊と遊んで暮らしたい。だが、それだと邪智暴虐を除くことはできぬ。二次加害に苦しむ人を減らすこともできぬ。

ゆえにアヌス、じゃなくてアルスは次のように返している。

「交通事故に遭った人に『でも当たり屋もいるよね』『ドライバーは気をつけろ』って言います？」

「強盗に遭った人に『そんな時間に歩いてるからだ』『そんな高そうな服を着てるからだ』って言います？」

「その発言は被害者を傷つける二次加害ですよ。二次加害が怖くて泣き寝入りするしかなく、支援につながれない被害者も多いんです」

「私も性暴力の被害者だから、そういう発言を聞くと傷つきます」

二次加害発言をしてくるのは男性、特におじさんが多い。性犯罪の加害者の95％以上が男性、被害者の90％以上が女性であり、男性は女性に比べて性暴力に遭いづらいことから、被害者の苦しみがわからないのだろう。

ちなみに「男がみんな性犯罪をするわけじゃないし」とムッとする男性には「男が

みんな性犯罪をするなんて一言も言ってませんけど？」と返す。

一方、女性が二次加害発言をする場合もある。

性的同意をテーマにした番組の中で、26歳の女性アナウンサーが「女性がリテラシーを高く持てばいいだけの話で、家に行かなければいいだけの話。その人とそういう関係になりたくないのであれば、二人で飲みに行かなければいい」と発言して、ネットで批判の声が広がった。

私はその言葉に「自衛できない女は被害に遭ってもしかたない」というニュアンスを感じて、被害者を貶める発言に怒りを覚えた。同時に「おじさん受けする言動が染みついてしまったのかな」と痛々しさも感じた。

また、女性の場合は「自分も被害に遭ったらどうしよう」という不安や恐怖があるんじゃないか。だから「被害者の行動に問題があったからだ、自分はそんな行動をしないから大丈夫」と安心したいんじゃないか。

不安や恐怖があったとしても、二次加害は許せない。なので、プーチン顔で次のように返したい。

「『なぜ合意をとらなかった』と加害者を責めるべきでは？　なぜ被害者を責めるんですか？」

「男性が男友達の家に行って殴られても『家に行った方が悪い』と責めますか？」

「女性が『いいですね、飲みましょう』と家に行ったとしても、同意したのは『家で飲むこと』だけです。『家に行った＝性的行為をする同意があった』という認識は間違いです」

このように、とっさに言葉が出ないこともあるだろう。私も「何言おうとしてたんやっけ？」が口癖のＪＪなので、カンペがないとしゃべれない。

それでも「公の場で性暴力の話するのやめませんか？　傷つく人もいると思います」の一言だけでも返したい。

あなたも悪かったのでは？　そんな言い方じゃ伝わらないよ。なんでそんなに怒るの？　怒っても解決しないよ。そんな大げさに騒がなくても。気にしすぎじゃない？　そんなに責めたら相手が可哀想。相手も事情があったんだよ。相手も苦しんでると思うよ……等など。

これらも被害者を追いつめる言葉であり、被害者の声を封じる言葉でもある。二次加害を駆逐するためにできるのは、「#二次加害を見過ごさない」とみんなが声を上げることだろう。

私も二次加害を見かけたら「アルスは激怒した」と怒りを表明したい。私自身も傷ついた時、一緒に怒ってくれる人たちの存在に救われたから。

だから毎日納豆を食べて血液をサラサラにして、血管が切れないように気をつけている。あとなるべく玉ねぎも食べて……と献立を工夫しているのに「なんでそんなに怒ってるの？」とか言われると、血管が切れそうになる。

「なんでそんなに怒ってるの？」と言う人には「なんで怒らないの？　現実に性暴力や性差別に苦しむ人がいるのになんで？　自分には関係ないと思ってるの？？」とエジソン顔で返したい。

幼少期のエジソンは「なぜなぜ？」と質問ばかりしていたので「なぜなぜ坊や」と呼ばれていたそうだ。

足を踏まれている側が「足をどけてくれませんか？」と丁寧に言っても聞いてもらえなければ「痛いんだよ！　足をどけろよ！」と怒るだろう。それに対して「なんでそんなに怒ってるの？」「そんな言い方じゃ聞いてもらえないよ」と言うのは、声を上げる人の口をふさぐ行為である。

この手の発言をする人は社会問題に関心がないか、自分さえよけりゃいいと思っているか、または「怒ることは悪いこと」と刷り込まれているんじゃないか。

ヘルジャパンでは、怒る女は特に嫌われる。「女は感情的」「ヒステリーババア」「更年期ｗｗ」とクソリプを投げてくる人々は、怒る女を見たくないのだろう。

かくいう私も若い頃は「女はいつも笑顔で愛想よく」「セクハラされても笑顔でかわせ」と洗脳されていた。私の場合は20代でフェミニズムに出会って「私、怒ってよかったんだ」と気づいた。抑えこんでいた怒りや痛みを解放することで、みるみる元気になっていった。

なので「なんでそんなに怒ってるの？」と聞かれたら「元気だから‼」と元気いっぱいに答えたい。

怒り続けるにはエネルギーがいる。「怒っても無駄」「どうせ変わらない」と諦めた方が楽だし、思考停止して現状維持を望む方が省エネだ。でもそういう人ばかりだと、世界は永遠に変わらない。

参政権を求めた女性たちも「イカれた女たち」と誹謗中傷されながら、必死で運動を続けた。「差別するな！　女にも人権をよこせ！」と怒ってくれた先輩たちのおかげで、今があるのだ。

２０１７年にアメリカから＃ＭｅＴｏｏが広がって、日本でも伊藤詩織さんの告発やフラワーデモなど、多くの女性が声を上げはじめた。そんな流れがあったから、今回マリエさんも告白を決意できたんじゃないか。

このバトンを次世代につないでいくために、私も怒り続ける。怒りたいけど怒る元気がない人のぶんも、私が怒る。

だから今日も納豆ごはんと玉ねぎの味噌汁を美味しくいただこうと思う。

30年来の親友にバチギレてしまったＪＪの事件簿（２０２１年３月18日）

「森さんの失言が話題になった時、うちの父親も『叩かれすぎだ、老人いじめだ！』と怒っていたわ」

複数のＪＪ（熟女）たちがそう証言していた。我々の父親世代は森喜朗型おじいさんが多いため、自分が批判されたような気がしたのだろう。

男尊女卑に浸かって生きていると、感覚が麻痺してしまって、性差別があることに気づけない。そんな老いた父親の発言を、娘たちはガン無視している。相手がおじいさんだと「今さら変わらないし、もうすぐ死ぬしな」と諦めがつくもの。

それより女友達と意識のギャップを感じる方がしんどい、という声をよく耳にする。

たとえば「森さん叩かれすぎだよね」「いじめみたいで可哀想」と女友達に言われると「マジか」と思う。

そこで「いやいや、これまで何度も差別発言をしてきたのに許されてきたことが問題だよね？　そんな人がいまだにトップにいるからジェンダーギャップ指数121位のヘルジャパンなんだよ」とマジレスすると「なんでそんなに怒ってるの？」と言われる。

え、なんで怒らないの？　現実に差別に苦しむ人がいるのになんで？　自分には関係ないと思ってるの？？

と逆質問したくなるが、その手の人々は確固たる思想信条があるわけじゃなく、ジェンダーや社会問題に関心がないのだ。

何に関心をもつかは個人の自由だけど、そういう友人と付き合うのがしんどくなってきた……みたいな話に「わかる！」と膝パーカッションする女子は多いだろう。

私が主宰する「アルテイシアの大人の女子校」のメンバーは、ジェンダーや社会問題に関心が高い。じゃなければ、そもそも私のコラムを読まないからだ。

「フェミニズムの話ができる場所があるだけで安心するし、癒される」そんな声が女子校メンバーから寄せられる。

自分にとって重要なテーマについて話したいし、わかる！　それな！　と膝パーカッションできる仲間がほしい。我もそう思っていたので、女子校を作ってよかった。

ちなみに今春からハイキング部を発足したので、山歩きで足腰を鍛えて、死ぬまで歩けるおばあさんを目指したい。あと尿漏れ抑止効果も期待している。

尿漏れはさておき、私自身が性差別や性暴力に苦しんで、フェミニズムに出会って救われた。

だからフェミニズムを揶揄する人や、頭ごなしに否定する人とは関わりたくない。

そんな人とはまともな対話などできないし、戦争になるだけだろう。

「『フェミニストって面倒くさい』『仕事と育児に忙しくて、そんなこと考えてる余裕ないわ』とか言われると、がっさムカつく」「マジで縁を切ろうかと思う」といった声も寄せられる。

たしかにワーママは金田一の犯人よりやることが多いが、ワーママでフェミニストの女性もいっぱいいる。「私はジェンダーや社会問題に関心がない」とハッキリ言えばいいのにと思う。

誰と付き合うかを選ぶ権利は自分にある。一緒にいてストレスを感じる相手と距離を置くのは、自然なことだろう。

「やっぱりジェンダーや社会問題の話ができる相手といる方が楽しいから、そうじゃない相手とは会わなくなりますね。昔からの友達と疎遠になるのは寂しいけど……」

これが女性陣からよく聞く意見である。

フェミ系の話題は避けるという選択肢もあるが、ドラマやコスメや仕事の話をしていても、結局はジェンダーやルッキズムや性差別の話につながるため、意識のギャップがしんどくなって距離を置く、という話もあるあるだ。

しんどいのに無理して付き合うより、ジェンダー意識の合う友人を見つける方がいいと私も思う。フェミ系のイベントやコミュニティでつながるのも手だろう。

相手にわかってもらうように説明する、という選択肢もある。これは手間も労力もかかるので、そこまでかけたい相手か？　によるだろう。また相手に真摯に耳を傾けて対話する姿勢があるか？　が鍵である。

「丁寧に説明して俺を納得させてみろ」と上から言ってくる奴には「興味があるならカスれググ」と返す。一方、ジェンダーやフェミニズムがよくわからなくてトンチキな発言をする場合は、なるべく丁寧に説明するよう心がけている。

というのも「ジェンダーやフェミニズムって難しそう」「ややこしそうだし近寄らないでおこう」と思われると、理解が広がらないから。みんなアップデートの途中なんだから、1人1人に理解が広がって、社会全体がアップデートすればいいなと思う。

とか言いつつ2年ほど前、30年来の親友にバチギレてしまった。

それは竹馬の友が集まったJJ会で、性暴力被害の話になった時、友達の1人が「でも冤罪や枕営業もあるよね」と発言したのがキッカケだった。

その頃、私は寝ても覚めても伊藤詩織さんのことを考えていた。

こんな理不尽があっていいのか……と激しい怒りを感じつつ、自分にもできることがあるんじゃないか、性暴力を駆逐するためにできることはなんだろう……と考え続けて、それが「#性暴力を見過ごさない」動画にもつながった。

そんなわけで「冤罪や枕営業もあるよね」の一言に、エレンのように瞳孔が開いた。

巨人化はしなかったものの、怒髪天を衝いてスーパーサイヤ人になりそうだった。

そして「伊藤詩織さんが日本に住めなくなったのは、なんでだと思う？」「その発言は被害者に対する二次加害、セカンドレイプだよ！」とバチボコに詰めてしまった。

冤罪、でっちあげ、枕営業、ハニトラ……など、日本では性暴力被害者が責められて、二次加害により何重にも傷つけられる。杉田水脈《みお》議員の「女性はいくらでも嘘をつける」発言がそれを象徴している。

信じてもらえないかもという不安から誰にも相談できない被害者や、二次加害を恐れて支援につながれない被害者も多く、一生トラウマに苦しむ人たちもいる。

冤罪や枕営業が存在したからといって、性暴力被害に苦しむ人が大勢いる事実は変わらない。

Ｐ１６７に書いたが、性暴力被害の話に「冤罪もあるだろ、それはどうなんだ！」と返す手法はワタバウティズム（Whataboutism）と呼ばれ、トランプ前大統領の得意技でもある。

私がコラムに「ナンパされて怖い思いをする女性は多い」と書くと「ナンパされて自慢する女もいるだろ」とクソリプがつき、女性差別について書くと「ウイグル差別はどうなんだ」とクソリプがつく。

彼らは声を上げる女を黙らせたい、生意気な女の口をふさぎたいだけなのだ。

「冤罪や枕営業もあるよね」と言ったのがトランプだったら「今その話はしてないし論点をずらすな」と冷静に返してブロックする。

あの時に私がキレてしまったのは、彼女のことを好きだったからだ。30年来の友達でめっちゃいい奴なのを知ってるから、悲しくて悔しかった。

だから「私だって性暴力の被害者なんだよ？　あんたは交通事故の被害者の前で『でも当たり屋もいるよね』って言うの？」と詰めてしまった。

別の友人が「そうだよね」と間に入ってその場はおさまったが、その後もずっとモヤモヤしていた。

どうでもいい相手なら縁を切るけど、彼女とはババアになってもズッ友でいたかったから、どうしたもんかと悩んでいた。

するとしばらくして、彼女の方から連絡をくれた。そして「あの後、私も考えたんだよね。なんで私は女なのに、加害者寄りで考えてしまったんだろうって」と話してくれた。

「私は中高大と女子校で、しかも徒歩通学だったから、痴漢に遭ったことがないのよ。卒業後も女性ばかりの職場にいたから、セクハラや性差別を受けたこともなかった。そういうレアな環境にいたから、性暴力や性差別に苦しむ人の気持ちがわからなかったんだと思う」

「でもあの後、性暴力やフェミニズムについて勉強して、アルテイシアが怒ってた意味がわかった」

ワンダーウーマンの里みたいな世界で生きてきた彼女は、性暴力や性差別を受けずにすんだ自分はラッキーだったと気づいたそうだ。

その後も彼女は私のコラムの感想を送ってくれるし、フェミニズム本を紹介したら読んでくれる。今回「私がキレた件をコラムに書いてもいい？」と聞いたら「お〜ぜひ書いて！」と言ってくれて、やっぱりめっちゃいい奴である。

友人関係がしんどくなったら、距離を置くのもアリだろう。でもわかってくれそうな相手になら、説明するのもアリだ。自分で説明するのが難しかったら、記事や本をシェアしてみよう。その時の反応によっては、ズッ友でいられるかもしれないから。

バチギレ事件から2年が経過して、世界中でフェミニズムが盛り上がる様子に「マジで間に合って良かったな、おいらの寿命が」と寿いでいる。何歳まで生きるか知らんけど、なるべく長生きして変わっていく世界を見てみたい。

いまや人生１００年時代と言われて、日本人の寿命はゾウガメ並みに延びている。

ところで長寿と言えばカメだと思っていたが、ウニは２００年生きる個体もいるそうだ。今度寿司屋で会ったら「ウニ先輩」と呼びたい。

医学の進歩によって、人がウニ並みに生きる時代が来るかもしれない。２００歳になっても女友達と集まって「昔々、東京オリンピックが……」と昔話をしたいと思う。

ＪＪはいくつになっても、やらかし反省会を続けたい（２０２１年４月１日）

「あなたたちの中で罪を犯したことのない者がこの女に石を投げなさい」

イエスにそう言われたら、私は「すみませんでした!!」と石板の上に土下座する。フェミニズムのコラムを書く45歳の我も、過去にさんざんやらかしてきた。その反省を忘れないために、脳内でやらかし反省会をしている。

ＪＪ（熟女）の忘却力を発揮して、記憶がどんどん薄れているからだ。

たとえば、20代の私は「イケメンなのに東大なんてすごいね！」とか平気で言っていた。

現在は「人の見た目に言及しない」とＪＪべからず帖に刻んでいるが、当時はルッキズムという言葉すら知らなかった。

また、中学時代はとんねるずの保毛尾田保毛男のモノマネをして、同級生と笑っていた。

当時は「この教室の中にもセクシャリティに悩む人がいるかもしれない」と想像できるだけの知識がなかった。それで無自覚に差別する側になっていたことを反省している。

振り返ると、私のやらかしは「無知ゆえの過ち」だったと思う。

会社員時代に育休中の先輩の家に行った時、彼女が赤ちゃんのおむつを替えながら「見てこのツルツルのお尻！　触ってみる？」と聞いてきた。20代の私は素直に触って「おお～ツルツル！」と感動していた。

そんな己のケツを蹴とばして、これを読め！　と『おうち性教育はじめました』を渡したい。

本書では「おしりを触ってキャッキャふざけるのも、親子の楽しいコミュニケーシヨンかなって……」という親に対して、村瀬幸浩先生が「プライベートパーツを触ったり見たりして、ふざけるのはよくないね。コミュニケーションなら他の方法でとってほしい」とキッパリ答えている。

「これは親のほうが意識して線引きしてあげないと、プライベートパーツを勝手に見たり触るのが『好き』の表現だと教えてしまうことになりかねないんだよ」

「プライベートパーツへの不本意で理不尽な侵入や攻撃は、想像以上に深刻な屈辱感やコンプレックスを与えるんだ」

「その証拠に、性的ないじめは自殺につながるケースも少なくない。それだけ深い傷を与えることにもなるんだ」

この言葉に全力で膝パーカッションする我である。

知人女性は小学生の時にスカートめくりをされたトラウマで、スカートをはけなくなったそうだ。

また、教育関係の友人が話していた。「ズボンおろしをされるのがイヤで、小学校に行けなくなった男の子がいるのよ。おろした男の子に聞くと『周りが笑ってくれるから冗談のつもりでやった』と言ってた」

その男の子は「冗談でも絶対やっちゃダメ」と教わる機会がなかったのだろう。かくいう私も20代の頃は、プライベートパーツという言葉すら知らなかった。

まともなジェンダー教育や性教育を受けられないまま、世間やメディアから偏見や差別を刷り込まれて育つ。私を含めて、ほとんどの日本人がそうなんじゃないか。

知識を学ぶ機会がなかったことは、本人の責任じゃない。だからといって「俺は悪くない！」と開き直る気はさらさらない。

過去のやらかしを思うと恥ずかしくて、アンジェロみたいに石化したくなる。でも思考停止して沈黙するわけにはいかない。過ちを反省しているからこそ声を上げなきゃと思うし、「アップデートを怠るべからず」とＪＪべからず帖に刻んでいる。

そしてこつこつ本を読んだりして勉強している。ＪＪは小さい字が読めなくてつらい。

世の中に一度も間違ったことがない人なんていないだろう。間違ったことがない人しかジェンダーやフェミニズムを語ってはいけないとなると、誰も語れなくなる。自分も含めてアップデートの途中だから、みんなでアップデートしていって、社会全体が変わるといいなと思う。そのためには、自分の間違いを認めて反省すること。人の意見に耳を傾け、真摯に学ぶ姿勢が必要だろう。

一方、失言が炎上しても「俺は間違ってない」と開き直り「こんなに叩かれていじめだ」と被害者ぶる人たちがいる。なぜ批判の声が上がったのかを考えないから、同じような炎上を繰り返すのだ。

また「差別する意図はなかった」と言い訳しつつ「誤解を招く発言をフンガフンガ」と謝罪する人たちもいるが、謝罪よりも勉強してくれと言いたい。差別についてちゃんと学ばないから、同じような（略）

「俺は間違ってない」が通用するのは、権力をもつ立場だからだ。そういう人は、周りに注意してくれる人がいないんじゃないか。立場が下の者が忖度して意見を言わないか、どうせ言っても変わらないと諦めているのだろう。

そうして裸の王様になった彼らは「今はすぐに叩かれて生きづらい、窮屈な世の中だ」とボヤく。

そんな彼らに「叩いているのはどっちだ？」と聞きたい。昔は差別やハラスメントをされた側が、我慢するしかなかったのだ。

批判しても直接殴られないネットが普及したお陰で、被害者が声を上げられるようになった。生きづらさを強いられてきた側にとっては、今の方がマシな世の中である。

テレビやメディアは「元号が令和になったことに気づいてないのかな？」みたいなおじさんたちが未だに権力を握っている。

私が小学生の時にとんねるずの『一気！』という曲が流行った。「飲めぬ下戸にはヤキ入れて　付き合い程度じゃ許さずに　一気！　一気！」という歌詞を書いたのはご存じ秋元康だ。

今この曲がテレビで流れることはないだろう。若者が急性アルコール中毒で亡くなる事件が報道されて、お酒の強要は「ダメ。ゼッタイ」が社会的な常識になったから。

それについて「一気がダメなんて窮屈な世の中になった」とボヤくおじさんは見たことがない。

一方、性差別や性暴力については「いちいち騒がなくても」「過剰反応」「面倒くさい女だなあ」とボヤく。それは性差別や性暴力なんて大した問題じゃない、と軽視しているからだ。

性犯罪の加害者の95％以上が男性、被害者の90％以上が女性である。女性に比べて性暴力に遭いづらいことも男性のもつ特権だが、人は自分の特権には気づきにくい。

また性暴力をギャグやエロネタ扱いしてOKという文化が染みついているため、感覚が麻痺しているのだろう。そういう人には「学び落とし」が必要だが、必要な人ほど頑なに学ぼうとしない。

TBS『グッとラック!』で立川志らくが「スカートめくりでゲラゲラ笑ったってそれで家族が明るければ、そこの家庭は幸せなんですよ」と語っていた。何度炎上しても反省しない、その姿勢がすごい（すごい）。

褒めてない（褒めてない）。

森喜朗にしてもそうだが、絶対反省しないマンに共通するのは「男らしさ」の呪いだと思う。

男はくよくよするな、過去を振り返るな、前だけ見て進め!!　系のマッチョイズムが染みついているため、自分と向き合って反省することができない。だから永遠に変われない。

太田啓子さん著『これからの男の子たちへ』を特集した際、志らくが「全部読んだわけじゃないけど」と言っていたが、まずは読めよ。字も小さくないから中年にも優しいよ。

「男だから泣くんじゃないってこれ否定されたらね、やり方なんですよね」
「女の子は女の子らしく、かわいらしくって一つも悪いことだとは思わない」
「女性は女性らしく、おしとやかに。欧米に行ったら違うかもしれないけれども、日本人は日本人としての良さがたくさんある」

など、志らくはトンチキ発言を連発していたが、はなからジェンダーについて理解する気がないのだろう。

性別による差別や偏見をなくそう。みんなそれぞれ違う人間として見よう。自分らしく生きられる社会にしよう。

そんなシンプルな話に拒否感を示すのは、彼が「男は強くあるべき」「泣いちゃダメだ」と言い聞かせて生きてきたからじゃないか。だからジェンダーと聞くと反射的に、自分の人生を否定されたように感じるのかもしれない。

でもそれは勘違いで、ジェンダー平等は個人の生き方を否定するものじゃない。あなたがどんな生き方をしようが自由だけど、それを「男らしさ」「女らしさ」として他人に押しつけるな、という話なのだ。

まあ志らくも「ジェンダー平等は大事やで」と文珍に言われたら、聞く耳を持つのだろう。

なぜ文珍かというと、『さんまの名探偵』で文珍が殺されていたからだ（私が小学生の時にヒットしたファミコンのゲーム）。

つまり私はそれぐらいしか落語の知識がないわけだが、「なぜ落語家は座布団に正座して話すんだ、ヨギボーに寝転んでもいいじゃないか、そんなの窮屈だ！」なんてトンチキなコメントはしない。

もし落語について聞かれたら「私は落語のことわからないので教えてください」とお願いする。まともな知識がないのに適当な発言をするのは失礼だし、無責任だと思うから。

私がヨギボー云々言っても無知が露呈するだけだが、ジェンダー差別、性暴力、虐待、ＤＶ等は現実に苦しむ被害者がいて、人の生死に関わる問題である。

それについて、まともな知識のない人間がメディアで無責任な発言をすると、差別の強化や二次加害につながる恐れがある。

以前フジテレビ『バイキング』で松嶋尚美が「もし自分のところに（児童相談所が）来るとなったら、引っ越しする可能性はあります」「親に暴行されてキーッとなった子が外に飛び出して暴力振るったり、カツアゲしたりするかもしれない」とコメントした。

この偏見に満ちた発言は虐待被害者に対する深刻な二次加害であり、「無知だから」で済まされる話ではない。

なぜこんなものを電波で流していいと思うのか？　差別解消を目指すべきメディアが、なぜここまで差別に鈍感なのか？

とプーチン顔でこの原稿を書いていたら、日本テレビ『スッキリ』のアイヌ差別表現があり、テレビ朝日『報道ステーション』のＣＭ動画が炎上した。

もうプーチン（怒）を通り越してハシビロコウ顔（無）にナッチャウヨ。とアルシンド、じゃなくてアルテイシアは頭を抱えて、報ステの炎上についてコラムを書いた。

「報ステの偉い人よ、聞いてくれ。あなたは『視聴者が不快な思いをしたから』ではなく『自分が差別的なＣＭにゴーを出したから』批判されたのだと認めるべきだ。そのうえで徹底的に検証して再発防止プランを考えて、それを視聴者に報告するべきだ。でも全然しなさそうだから、ＪＪがぽくぽく考えてみた（優しい）」

報ステの公式は「意図が伝わらず」「不快な思いをされた方が」とテンプレ謝罪文を出して、動画を削除していた。

そちらに足を踏む意図があろうがなかろうが、踏まれた側は痛いんだから、踏んだことを認めて反省しろという話である。報ステの偉い人は「マイクロアグレッション」でググって勉強してくれよな。

「自分は悪くないけど、そちらが誤解したなら形だけは謝りますよ」というヘルジャパンのお家芸や、「孫娘に叱られちゃいましたよテヘ」みたいな反省ポーズを見せられると「ナメるのもいい加減にしろ!!」と生霊を飛ばしたくなる。俺の生霊はよく飛ぶぜ。

一方、本気で反省して変わろうとする人は、応援したいなと思う。なぜなら自分も過去にさんざんやらかしてきたから。それに「ジェンダーやフェミニズムって難しそう」「ややこしそうだし近寄らないでおこう」と思われると、理解が広がらないから。ジェンダーやフェミニズムについて学びたい人には、わかりやすく伝えたい。なんなら志らくにも私が教えてあげるよ、たぶん文珍よりは詳しいから。

文珍に思いをはせながら、夫に「なんでヤスは文珍を殺したんやっけ?」と聞くと「ヤスはポートピア連続殺人事件だぞ」と返ってきた。やっぱり記憶の混濁がヤバい。ガチで記憶にございません状態になる前に、やらかし反省会をしたいと思う。そしていくつになっても反省できる、若い人に「教えて」と素直に言える、そういうものにわたしはなりたい。

おわりに

ＪＪの愉快な冒険は続く

先日、夜中に「アナルが痛い！」と飛び起きた。

アナルを痛めるような行為はしていないのに、なぜアナルが痛むのか。いやこれはアナル本体じゃなくその周辺、尾骨の痛みじゃないか。ひょっとして坐骨神経痛なのでは……？？

とググったところ、症状がマッチした。坐骨神経痛の原因としては運動不足、デスクワーク、加齢などがあり、見事にコンプリートしている。

加齢によるヒザの痛みなどは覚悟していたが、まさかアナル周辺が痛むとは。思わぬ伏兵の登場に震えつつ、ストレッチに励む日々である。

そんなＪＪ（熟女）のアナル事情はさておき、読者の方からこんなＤＭをいただいた。

〈私は社会人2年目の会社員です。男性上司から冗談めかして「女に見えない」「お前なんか痴漢にあわない」と言われてきましたが、先日「傷つくのでそういうこと言うのはやめてください」と言い返すことができました。

アルさんのコラムを読んで「失礼なことを言われたら怒っていい」「言われたら言い返してやる」と思えたから、行動を起こせました。コラムを読んでいなければ「こんなことで怒るなんておかしいかな」「自意識過剰と思われるかな」と行動できなかったと思います。

上司は私が傷ついてると思ってなかったみたいで、謝ってくれました。いま私が元気に働けているのはアルさんのおかげです。そのお礼が言いたくてＤＭさせていただきました〉

感無量（感無量）と全俺が号泣した。アナルの痛みも吹っ飛ぶぜ。

怒るべき時に怒らないと、自分の尊厳は守れない。でも「怒ることは悪いこと」と刷り込まれている日本人は多く、ジェンダーギャップ指数１２０位（２０２１年６月現在）のヘルジャパンでは、怒る女は特に叩かれる。

私もかつては「女は笑顔で愛想よく」「セクハラされても笑顔でかわせ」と洗脳されていた。その結果どんどんナメられて、セクハラやパワハラの標的にされていた。

ドイツに住んでいた女友達が「日本に帰国して、平気で失礼な発言やセクハラしてくる男が多くてギョッとした」と話していた。「ドイツの女性はバチボコに怒るから、男性もナメたことできないのよ。そういう社会だと、女にナメたことする男は男からも嫌われるんだよね」とのこと。

日本の女性は怒り慣れていないため、いざという時に怒れないんじゃないか。

不当な扱いを受けた時は「いともたやすく行われるえげつない行為（Ｄ４Ｃ）」並みのスピードと破壊力が必要で、そのためには怒るトレーニングが大事だろう。

また、ＪＪが率先して怒っていくことも大事だと思う。

私は女友達と「怒れるＪＪの会」をよく開いている。最近は浪速の石田ゆり子の二つ名を持つ友人（大企業の管理職）からこんな話を聞いた。

男性上司から「女同士ってドロドロしてるよな」と言われたゆり子は「それどうい

う意味ですか？」とプーチン顔をキメて「私も女性ですし、社内にもお客様にも女性は大勢います。女はドロドロして陰湿、といった偏見に満ちた発言をするのは不適切だと思いませんか？」と返したという。

「上司からは面倒くさい女、うるさい女と思われてるけど、それが自分の役目だと思ってる。これからの女の子たちのためにも戦わなきゃね」というゆり子の『覚悟』に、全俺が痺れて憧れた。

「『覚悟』とは!! 暗闇の荒野に!! 進むべき道を切り開く事だッ！」とジョルノ・ジョバァーナも言っている。このアルバァーナも「女の敵は女　そんなバナナ　わけわかめ　黙れバカめ」とＪＪラップを歌いたい。

一方、同世代には「女性差別はなくならないし、怒っても無駄」「いちいち気にせずスルーするのが賢い生き方」と考えるＪＪも存在する。

彼女らは「今の若い子は敏感すぎる」と言うが、敏感で何が悪いのか。若い頃の私は無知で鈍感で、無意識に他人を傷つけていた。差別やハラスメントに敏感でいる方が、うっかり誰かを傷つけずにすむ。

敏感でいること、違和感を大事にすることは、自分と他人を大事にすることだと思う。

また差別やハラスメントに鈍感だと「そんな大げさに騒がなくても、私が若い頃はもっと大変だった、今の若い子は我慢が足りない、権利ばかり主張する」と感じてしまって、被害者の立場に寄り添えない。

その結果、被害者が声を上げられない空気を作り上げ、差別を温存する側、差別に加担する側になってしまう。

そんなこといちいち考えない方が楽だし、長い物に巻かれた方が得だし、賢い生き方なのかもしれない。

上司が男尊女卑的な発言をした時に「そうですね」と合わせれば、話がわかる奴だと認められて、仲間に入れてもらえる。そこで「それ不適切ですよ」と注意すれば、排除や報復をされる恐れがある。

男社会に適応するか、抵抗するか。2つの選択を迫られた時、適応せざるをえなかった彼女らのつらさもよーくわかるのだ。私もフェミニズムに出会わなければ、そっちの道に進んでいたかもしれない。

氷河期世代の女たちは自分が生き延びるのに必死だった。今よりもっと過酷な男社会でガムシャラにがんばってきて、男尊女卑に殴られても怒る余裕もなかったのだと思う。感覚を麻痺させないと生きられなかったのだと思う。

でもそうやってわきまえてきた結果、社会を変えられなかったんじゃないか。

15年前の日本のジェンダーギャップ指数は80位で、そこから120位まで順位を下げた。一方、たとえばフランスは70位から16位まで順位を上げている。

先進国で唯一順位がダダ下がりなのは、政治や社会システムや国民性や歴史など、さまざまな要因があると思う。日本の性差別が解消されなかったことは、もちろん女性だけの責任ではない。差別する人間がいなければ、差別はなくなるのだから。

でもやっぱり他国の女性たちがバチボコに怒ったこと、「差別するな！　女にも権利をよこせ！」と一斉に声を上げたことは大きいんじゃないか。

P280で書いたように、怒り続けるにはエネルギーがいる。「怒っても無駄」「どうせ変わらない」と諦めた方が楽だし、思考停止して現状を受け入れる方が省エネだ。でもそういう人ばかりだと、世界は永遠に変わらない。

参政権を求めて運動した女性たちも「イカれた女たち」とバッシングされながら、次世代にバトンをつないだ。２０１７年に#ＭｅＴｏｏムーブメントが起こって、世界中の女性たちが声を上げ始めた。

声を上げる人が多数派になれば、オセロのように世界をひっくり返すことができるだろう。

私は性差別を含むあらゆる差別を許せないし、駆逐したいと思っている。それは次世代のためでもあるが、子どもの頃から差別やいじめが嫌いだったからだ。

むかつくのだよ、自分より弱いものを叩いて、優越感を得ようとする奴らが。と進撃のザックレー総統みたいになってるが、芸術的な拷問には興味がない。

米国のドキュメンタリー『ミス・レプリゼンテーション　女性差別とメディアの責任』の中に印象的な言葉があった。

「見えないものには、なれない」「お手本がないと、女の子はそれを目指せません」

不当な扱いを受けたら怒っていいんだ、尊厳を守るために怒るべきなんだ。女の子たちがそう思うためには、怒る女のお手本が必要だ。

だから私は怒れる仲間たちと「わきまえてたまるかＹＯ！」と声を上げ続ける。Ｆｕｃｋｉｎｇな連中、くだせ天誅！

「男社会に適応するのはもうやめた、怒れるＪＪに俺もなる」という方は、いつでもジョインしてほしい。ようこそシスターフッドの世界へ、ヘルなジャパンでも気分はヘブンと大歓迎する。

そして一緒にアナル体操をしよう。実はこの原稿も肛門を開け閉めしながら書いている。坐骨神経痛の予防には骨盤底筋トレーニングがよい、とネットで読んだからだ。

アナルを鍛えたらウンコのキレがよくなりそうだし、屁で空を飛べる日が来るかもしれない。

45歳の私は気を抜くとアナルやウンコと口走るし、親の葬式で「また死人が出たらお願いします」と葬儀屋さんに挨拶するなど、不謹慎さには定評がある。

そんな見た目は中年、頭脳は子どもの逆コナン君だが、大人の責任を果たしたい。この世界を少しでもマシにするために、長生きして100歳まで怒れるおばあさんを目指したい。

そのために「真の『覚悟』はここからだッ！」とアナルを引き締めて、ＪＪの愉快な冒険を続けたいと思う。

特別対談！　田嶋陽子×アルテイシア

著者長年の憧れである女性学研究者・田嶋陽子さん。感涙からスタートの対談は、これからの生き方、日本の政治について、テレビに蔓延する男尊女卑思考まで縦横無尽に語り合う濃密なものになりました。

母は男社会に殺されたと気づくまで

アルテイシア（以下アル）　すみません……感極まってます（涙）。田嶋先生の本でフェミニズムに出会って、生きるのが楽になったし、奪われたものを取り戻せたので。そのお礼を言うために、いつかお会いしたいと思ってました。ちょうど一昨日、27歳の女の子と話していたら、彼女のお母さんは専業主婦をしながら3人の子どもを育てていたけど、田嶋先生の本を読んで「あっ、離婚しよう」

と決めたそうなんですよ。「自分が今幸せだと胸を張って言えるのは田嶋さんのおかげだ」と話していたそうです。

田嶋　それはよかった。そうした決断ができたってことは、自分の考えを煮つめていたってことですよ。女役割に徹するよりは、少しでも人間として自由に生きたかったということかな。

アル　そうですよね。

田嶋　女の人ってなかなか決断できないからね。食べていくことを考えると不安だし。

アル　3人の子どもを抱えての離婚は勇気が必要だったと思います。でも夫と子どもたちの世話をするぐらいなら、働いて子どもたちの世話だけする方がナンボかマシだと気づいたそうです。

田嶋　そういう女の人が増えてるんじゃないかな。だんだん女の人たちが自分を持つようになってきたからね。

アル　田嶋先生はお母さまの話をよく書かれてますが、私も母が拒食症で亡くなっていて。

田嶋　お母さまが？　拒食症？

アル　59歳の時に、拒食症でガリガリに痩せた状態で遺体で発見されたんです。彼女は23歳で結婚して専業主婦になって、40歳目前で夫から一方的に離婚を言い渡されて。それからはアルコールに溺れて、自傷行為をするようになりました。

田嶋　当時は結婚が女の唯一の生き方だったから、一方的な離婚宣言は、お母さまにとっては大変な打撃だったでしょうね。女の人は男の人に愛されて結婚してナンボのものだったから。

アル　中学生だった私は「お母さん、ちゃんと自分の足で立ってよ」と思ってました。でも大人になって田嶋先生の本を読んで「そうか、母は足を奪われたんだ」と気づきました。母は男社会に殺されたんだって。母が亡くなった部屋には、20代の子が着るような服が壁一面にかかってたんですよ。若くて美しい女であらねば、という呪いが強かったんだと思います。

田嶋　「女は若くて美しく」でなきゃ男に愛されない、という男社会の価値観を刷り込まれていて、それを疑う価値観と出会うチャンスがなかった。

アル　田嶋先生も書かれてますけど、一番かわいそうなのは子どもじゃないですか。母の抑圧された怒りや苦しみをぶつけられて、私は子どもでいられなかった。

田嶋　その呪いを断ち切るにはどうしたらいいのかなって。あなたは今、頑張って本を書いて、ちゃんとお母さまと違う路線を歩んでいる。お母さまが取り戻せなかった本来の「自分」を人生の早い段階で取り戻して、「自分」を生きている。素晴らしいじゃないですか。でもお母さまは気の毒だった。お母さまは同性のお友達はいなかったの？

アル　いなかったんですよ。母は気の強い美人で、父に猛アタックされてプロポーズを受けたけど、いざ結婚したらチヤホヤされるお姫様から奴隷にさせられて。それで40でほっぽり出されたら、そりゃ壊れるよね……と今では思います。そうやって母の人生を理解できたのも、フェミニズムに出会ったお陰です。

最後の一滴まで命を使い尽くして死にたい

アル　私は今45歳で、同世代の友人とどうすれば楽しい老後を過ごせるのかよく話してるんですけど、年齢を重ねた時に大切なものや、やっておいてよかったことを伺いたいです。

田嶋　私、この4月に80歳になったけど、自分のことを老人だと思ってないの。

アル　私も思ってないですよ！　人生の先輩だと思ってます。先輩の年齢になった時にどうしたらいいですか？

田嶋　ぇえ!?　80歳になった時どうしたらいいかって？　私の方が聞きたいくらい。ただ、私は46歳まで苦しかったから、その倍の92歳まで生きるって決めている。あと12年をどうやって元気に生きていくかが、今の私の課題かな。

アル　もっと生きてください。

田嶋　まあ日々少しずつ自分が年老いてることは感じるから、家も車椅子で移動できるようにしたり、そういう準備はもうしてるわけ。一番怖いのは、歩けなくなって人の世話になることだけど、それだって介護保険制度もあるし友人もそれなりにいるしね。でも体が動かなくなるのはやっぱり怖い。

アル　アイアンマンみたいなスーツができてほしいですね。

田嶋　それはいい考えだよね、せっかくＡＩが発達してるんだからさ。それを着たら荷物も持ち上げられるんでしょ？

アル　空も飛べるかもしれません。

田嶋　そういうの作ってほしいよね。私はやっぱり自分の命を最後の一滴まで使い尽くして死にたいわけ。最後の最後まで自分を生きて、表現して、死にたい。自分の中にあるものをぜーんぶさらけ出してから死にたい。文章にしたり、書アートの作品にしたり、歌を歌ったり、自分に可能な媒体を使って、自分を楽しみたいと思うの。「あら、こんなもの出てきた！」って。

アル　かっこいい……。

田嶋　あとはやっぱり気心の通じる友人を持ってたら楽しいね。元気な死に方してる人はそういう女友達がいっぱいいる。夫なんかより、長年仲よくしてる友人と老後もみんなで仲よくしてる、そういうのが大事みたいね。

アル　本当にそう思います。私は「アルテイシアの大人の女子校」というコミュニティを作ってまして。未婚も既婚も子持ちも子無しもいるんですが、女性って大体最後はおひとりさまになるから、女だけで暮らすデンデラを作ろうって話してます。

田嶋　素晴らしいねえ！　でも、いい発想だよね。私は60代の頃、友達と中伊豆にシングル女性たちの老後の家「友だち村」を作ったの。あなたたちのように早め

アル　に老後を考えて、そこからさかのぼって生き方を決めていくのも一つの手。
私より下の世代には「自分はもう一生結婚しないだろうから、女同士で暮らしたい」という子が結構います。「女の幸せは結婚出産」という呪いから自由になってる若い子は増えてると思います。

田嶋　ほおー素晴らしい。あんな奴隷制度に入っちゃいけないよ。入ったってろくなことないから。

アル　昔の専業主婦なんて、やることが多すぎるじゃないですか。家政婦と保育士と看護師と介護士と娼婦みたいな、そんなマルチタスクを一人でやって。

田嶋　しかもタダ。

アル　それらを外注しようと思ったら、月100万ぐらい払わないといけないと思うんですよ。

田嶋　そうよ。結局、結婚は男のためのものだし、戦後以来、高度経済成長を成功させるために、男一人に女一人をくっつけたわけよ。それで男性中心のマスコミが「女の幸せは結婚」って宣伝し続けて、みんなそれに洗脳されて専業主婦になっていって。私、ときどき思うんだけど、あの頃に専業主婦やってた人たち

アル　みんなに、「金配れ」って。老後が貧乏な女の人たちは、今、たくさんいる。2億円ぐらい配ってほしいですね、ちゃんと個人の口座に振り込んで。私の母もテレビで桂ざこば師匠が「専業主婦は家で気楽に料理して洗濯して、いいご身分やないか」と言った時に「ふざけるな！」ってブチ切れてたんですよ。

田嶋　そうだったの！　いいねぇ！

アル　母もほんとは自分が奴隷だって気づいてたんですよね。自我はあるのに自立できない地獄を生きてたんだと思います。

女版トランプはなぜ生まれるのか

田嶋　それこそ子どもを抱えるシングルマザーなんてどれだけ大変か。国はそういう人たちにお金出さなきゃね。こんなコロナ禍でオリンピックなんてやってる場合じゃないよ。

アル　ほんとそうですよ、政治があまりにクソすぎる。

田嶋　自民党の年輩の女性議員が20年以上性教育に反対したり、いまだに夫婦別姓に

アル　反対したり、ＬＧＢＴの法案に反対したり、びっくりだよね。びっくりです。ああいう女版トランプみたいな人って、どうして生まれるんでしょう。

田嶋　一つは小選挙区制になって、議員が入れ替わりにくくなったこと。それと、男社会では、女は二級市民だから（ボーヴォワールも言っているように）、一級市民の期待を生きないといけない。そこで男社会の価値観を内面化した女たちは、女らしさを演じながら、男の期待する役割を果たす。それが私の母であり、あなたのお母さまであり、国会議員になった女性たちなんだと思う。

アル　そもそも女性の政治家が少なすぎるのが問題ですよね。

田嶋　そのとおり！　女性議員が少ないから、嫌でも男社会に迎合せざるをえない。少なくとも女性議員の数が30％くらいに増えたら、そういう女性たちもコロッと変わって、堂々と自分なりの意見を言える元気が出るはず。女性議員の数を増やすことで世の中は変わっていくんだから、みんなで選挙には行かないとダメ！

アル　海外ではクオータ制を導入して女性議員がどんどん増えてるのに、日本は置いてきぼりですよね。政治家が堂々とＬＧＢＴ差別発言をして処分もされないとか。

田嶋　最悪だよね。

アル　最悪ですよね。スウェーデン在住の女友達から聞いたんですが、スウェーデンでは学校でも職場でも、人種差別やジェンダー差別的な発言をしたら処罰されるそうです。個人のモラルだけに頼るんじゃなく、ちゃんと罰則を作ってる。日本とのあまりの違いに、来世はスウェーデンに生まれたくなりました。

田嶋　でもね、最初は違ったわけよ。スウェーデンやノルウェーやアイスランドも、昔は男の政治家や大臣ばっかりだったけど、全部自分たちで変えたんですよ。きちんと骨の髄まで民主主義を学んで、ジェンダー学んで。学校で教えてるでしょ。

アル　スウェーデンでは保育園から人権教育やジェンダー教育をして、民主主義の根本を教えるそうです。

田嶋　その努力を日本はしてないでしょ。日本の民主主義は戦後に与えられたもので、自分たちで努力して勝ち取ったものじゃない、というのが言い訳だけど、それにしても、もう戦後75年以上たっているんだから、自分たちでなんとかしないと。ジェンダー問題だってそう。

アル　たしかに……。医大の不正入試があった時に「韓国だったら何十倍の規模でデモになってるよ」と韓国人の知人に言われました。

政治を語るとバッシングされるヘルジャパン

田嶋　私に言わせれば、フェミニズムは、人間であることを忘れた人間が元の人間に戻るだけ。そのうえで女も男も住みやすい新しい社会を作る、それだけのことなんですよ。生まれた時に私たちは人間だったのに、女は女らしくと育てられて、男に便利な女というものに作られていっちゃったわけ。だからフェミニズムというのは、人間本来の存在に戻るための手段みたいなもの。

アル　私は中高と女子校だったんですが、男のいない世界では「ただの人間」でいられました。そこから共学の大学に進んで、男尊女卑に殴られました。女子校では「堂々と意見を言おう」と学んだけど、大学で堂々と意見を言うと「女のくせに生意気だ」と叩かれて。

田嶋　ひどいなあ。なんだおまえら、穴と袋のくせに生意気言いやがってって、そういうことでしょ？　いっちょまえの口きいて、みたいな。

アル　穴と袋に言葉はいらないってことですよね。そういうこと言う男子って、わりと男子校出身が多かったんですよ。だから今思うと、女子校はホモソーシャルからの避難所で、男子校はホモソーシャルの養成所なのかなと。男性が集まるとホモソーシャルの圧がすごく強くなりますよね。

田嶋　うーん。ただ、中高生になる前に、その人たちは家庭や学校で作られちゃっているんだよね。だから女子校、男子校に入った段階では、ある意味、男社会のミニチュアを生きることになる。もう遅い。先にジェンダー教育とかがないと。

アル　先生はずっとテレビで発言されてましたけど、いまだに芸能人が政治批判すると「芸能人が政治を語るな」とバッシングされるんですよ。特に女性の歌手やタレントさんが発言すると「ろくにわかってないくせに」とか。

田嶋　職業差別、女性差別ですね。

アル　そもそも芸能人が政治を語るなって言ったら、会社員も学生も主婦も誰も語れ

田嶋　ないじゃないですか？　国民が意見を言ってそれを反映するのが民主主義なのに、わかってないのはそっちだろって。

だから民主主義はまだ日本に浸透してないってことですよ。50年近く前、イギリスに留学した時に驚いたのは、お父さんが家事や育児をしてよく働くこと。それから、朝ごはんの席で子どもと親が政治のことで侃々諤々《かんかんがくがく》話してるの。「サッチャーはこう言ってたけど、あれおかしいよね」「でも、ここはこうじゃない」って小学生、中学生の子たちも政治を語ってるんだよ。日本はそれないでしょ。

アル　日本の食卓ではあんまりないですよね。

田嶋　日本では政治は年寄りのおじさんのものでしょ。とにかくそこを変えないと。今回のコロナでハッキリわかったじゃない、政治家がしっかりしないと自分たちが死ぬかもしれないって。家族がそろって政治について語るのが、本当の民主主義ですよ。

アル　先ほどのスウェーデンの友人は娘さんが中学生なんですけど、すごく政治に詳しくて親に教えてくれるそうです。学校でも友達同士で政治の話をよくしてるって。「スウェーデンでは政治を批判することは国民の義務だし、良いことだとされてるよ」と言ってました。

田嶋　それだよ、そこだよ。やっぱり小学校の時からの教育が大事。それができる先生とカリキュラムが必要だよね。まずは、ジェンダーフリー教育をもっとしっかりやらないと。このままだと、日本の女性も男性も人間として、自立しにくいんじゃないかな。

アル　もうすぐ沈没しますよね。タイタニックなヘルジャパン。

田嶋　選択的夫婦別姓だって民法を変えなきゃダメ。若い女の人、生き生きした女の人たちがみんな一斉に反対してごらん、きっと変わるよ。怒りはね、政府にぶつけなきゃ！

アル　今はSNSを使った新しいフェミニズム、第4波フェミニズムと呼ばれてますけど、森喜朗氏の女性蔑視発言にもSNSなどで署名が大量に集まって辞任に至りましたよね。

田嶋　そうそう。今の若い女の人たち、みんな、怒りは喉元までできている。権利意識も自分たちの誇りも満ち満ちている。あとは行動だよね、SNSを駆使して世論を盛り上げれば、法律を変えることは可能。そうやって政治に参加することで、自分たちの生きやすい社会は作れるはず。「自分の1票なんか」と卑下しない。自己評価を高く持って、自分の1票が世の中を変えるという信念を持つことが大事だと思う。とにかく法律を変えるっていうことは非常に大事。

私が田嶋先生を大好きな理由

アル　田嶋先生の魅力を語ってもいいですか（笑）。永遠に語れますけど、ひとつは自分の経験や苦しみをさらけ出して書いてくれてること。フェミニズムというとアカデミックな本が多い印象だったんですが、自分の魂の声で書かれてるところが刺さりました。

もうひとつは、ものすごく自由なところ。『エトセトラVOL・2 We LOVE 田嶋陽子！』で柚木麻子さんも書かれてましたけど、『ビートたけしのTVタックル』でジュリアナ東京を取り上げた時に、男性陣がパンツが見えてるとか、恥ずかしくないのかとか言ってる横で、田嶋先生が「いいよね、私はカッコいいと思う。私がもし若くて、こんなに綺麗だったら、こういう格好をして同じように踊りたい。踊っちゃうよー」と明るくキッパリおっしゃった。「女が好きな格好をして好きに楽しんで何が悪い」とあの時代から発信してくれていた。田嶋先生の言葉には自由、主体性、多様性を感じて、そこがほんとに大好きでした。

田嶋　フェミニストは自分の責任でハイヒール履きたかったら履けばいい。で、苦しかったらよせばいい。その自由があることが大事。

アル　田嶋先生は「フェミニストはこうあるべき」みたいな押しつけがないですよね。そのおかげで、フェミニズムは女性を自由にするものなんだ、女性が自由に選択できる社会を目指すものなんだ、と素直に思えたんです。

田嶋　その気持ち、すごく大切だね。

アル　ちなみに「TVタックル」で共演されていた男性陣は本当に男尊女卑なのか、演出としてやっていたのか、どっちなんでしょう？

田嶋　あのね、野坂昭如さんていたじゃない。あの人はそんなにものわからない人じゃないのね。彼の奥さんのシャンソン仲間を通して聞いた話なんだけど、

アル　「田嶋さんに悪かった」と言っていたって。それから石原慎太郎さんなんか、私の話も聞かないでめちゃくちゃなことを言ってたんだけど、あとで人を通じて阿川さんに「田嶋さんに謝っといてくれ」だって。

田嶋　自分で謝れよ、ですよね。

アル　ほんとそうよ。ただ男たちはみんな、自分たちに都合のいい既得権を守ろうとするからね。舛添要一さんだって、私に議論で負けそうになるとブスって言ったんだよ。だから私はハゲって言ってやったのね（笑）。そのハゲ発言がいつまでもみんなの印象に残ってるみたい。

田嶋　向こうが先にブスって言ったのに。

アル　でもこの前『そこまで言って委員会ＮＰ』で会った時なんか、平身低頭よ。すごくいい人になっていて……。

田嶋　いい人になってるんですか。

アル　もともといい人なんだろうけどね。男性のいい人は、うっかりそのまま生きてると女性差別主義者なのよ。だって男は一番で育てられてきて、女は二番手だと決めた文化の優等生なんだから。普通にいいおじさんの多くは女性差別主義者よ。本人たちはなかなか自覚してないと思うけど。結局は、差別は構造だから。構造だということは、社会の、文化の、隅々にまで行き渡っているということ。例外はないの。

アル　いまだにテレビ局は女性の役員がゼロとか1人とかですもんね。先生は今よりもっと古臭い男社会だったテレビで闘ってきたんですよね。ひどいバッシングをされて、胃が痛くておかゆしか食べられなかったって。

田嶋　当時、女の人は人前で怒っちゃいけなかったからね。だから私なんてものすごく嫌われて悪口ばかり書かれたんだけど、それでも頑張ろうと思ったのは、尊敬するフェミニストの駒尺喜美《こましやくきみ》さんが「テレビは拡声器だから」って言ってくれたから。当時は視聴率1％は100万人と言われていて、「あなたが学者として本を書いても2000部。でもテレビはもっとたくさんの人に届くから」と言われてね。当時、「テレビタックル」は視聴率20％台を取っていたしね。

アル　その声が冒頭で話した27歳の子のお母さんにも届いたわけですよね。先生はたくさんの女性を救ってきたと思います。

田嶋　ときどき電車の中で女の人がそっと寄って来て「よく言ってくれました」って

泣き出したりしてね。でも男の人のいる前では「私、田嶋さんのファンです」とか「よく言ってくれました」とか絶対言わないの。芸能界の女の人でも、隠れてこっそり来て「先生、実はファンなんです」とかね（笑）。

アル　そんな隠れキリシタンみたいな。

田嶋　そりゃ男の人の前で私のファンですって名乗りを上げるのは男社会に背くことだから、言えないよね。私はそういうこと全部わかってたから、孤独を感じることは一切なくて、「ああ、みんな頑張ってるんだ」と思っていた。

アル　優しい……。今はSNSで田嶋先生のファンだって公言できるし、この本おすすめ！　とかシェアできますよね。そうやって声を上げても直接殴られない場所、匿名でもフェミニストとして発信できる場所ができたことは大きいですよね。

田嶋　ああ、なるほどね。私自身はめちゃくちゃに誹謗中傷されたけど、なかにはそうやってちゃんと受け取ってくれた人もいた。一粒の麦じゃないけど、それだけでいいと思うの。ちょっとぐらい苦労しても、ありがたかったなぁと思うよ。

とはいえ、男だって変わっていく

田嶋　当時テレビを見た男の人はみんな私のことが大嫌いだった。でもね、今はあなたのように40代ぐらいの男の人が嬉しいことを言ってくれるの。この前も銀座のカレー屋さんで男の人が来て「子どもの頃、先生のテレビを親と一緒に見てました。すごく勉強させてもらいました」って。あと「大人になって先生の言ってた意味がわかりました」とかね。

アル　嬉しい……！　そういう明るい変化もありますよね。たとえば子育てにちゃんと関わる男性が増えたりとか。友人の兄は、もともとあだ名が男尊女卑丸というぐらい男尊女卑だったんですよ。でも今は娘二人を育てていて、医大の不正入試の件でめちゃめちゃ怒ってたって。「このままじゃダメだ、日本を変えないと」みたいな。超手のひら返しだけど（笑）、そういう手のひらはどんどん返してほしいです。

田嶋　ああ、いいねえ。やっぱりそういう人を見ると人間を信じられるよね。それが一貫してくれるといいね、自分の娘のことだけじゃなくて。

アル　すべての問題はつながってるってことですよね。

田嶋　そういうこと。ところが、そのお父さんが不正入試に怒る一方で、娘さんには女らしくしろと言って、青信号と赤信号を一緒に出していたら、娘さんは私のように苦しむことになると思うよ。そんな苦しみは誰にもしてほしくない。

アル　進みながら止まれって、無理なトンチですよね。これからの子どもたちのために、私たちの世代が頑張らなきゃと思います。たとえば大学生にはジェンダーの授業が大人気で、今の若者はジェンダー意識が高いんですよ。

田嶋　素晴らしい。

アル　私たちの役割は、そういう子たちが社会に出た時、潰されないように、ちゃんと盾になること。上には石原慎太郎みたいな人がいるわけじゃないですか。慎太郎みたいなおじいさんは変わらないから、その間にいる中年が盾になって守らなきゃいけない。そのために男社会に迎合するんじゃなく、抵抗していくぞ！　と思います。

田嶋　あなたのような人が先輩にいれば、若い人たちはどんなに心強いか。

アル　私にとっては田嶋先生が心強い先輩でありお手本でした。先生の言葉で大好きなのが「フェミニズムなんて言葉を知らない人でも、フェミニズムの生き方をしている人もいる。勉強した長さじゃないの。その人がどうありたいかなの。だからフェミニズムで人を差別しちゃいけないし、されてもいけない」。

田嶋　そのとおりよ。社会の片隅にひっそり暮らすおばあちゃんがね、まったきフェミニストだったりすることがあるわけよ。それは教えられなくても人間が生まれながらに持っている人権意識を生きた結果だよね。

アル　私は大学で女性学とか学んだわけじゃないし……と思ってたけど、フェミニズムって生き方なんだと思いました。

田嶋　勉強も大事だけれど、自分を見つめる力だよね。だって人から与えられた思想を生きるってことは、そうすべきだとか、自分をそこに合わせることでしょ？それは違うんだよね。私は失った自分を取り戻したくて一生懸命生きてきた、書いてきた、考えてきたと思う。

アル　うおお……励まされます（涙）。めっちゃ元気が出ました。

田嶋　ありがとう。

アル　憧れの先輩に会えてお礼も言えたし、私も一生懸命生きて書いて考えて、長生きしたいです！

本書は文庫オリジナルです。
JASRAC 出 2105494-101

幻冬舎文庫

●好評既刊
オクテ女子のための恋愛基礎講座
アルテイシア

彼氏が欲しいし結婚もしたいけど、自分から動けない……。そんなオクテ女子に朗報！「モテないと言わない」「エロい妄想をする」「スピリチュアルに頼らない」など、超実践的な恋愛指南本。

●好評既刊
アルテイシアの夜の女子会
アルテイシア

「愛液が出なければローションを使えばいいのに」とヤリたい放題だった20代から、子宮全摘をしてセックスは変わるのか克明にレポートした40代まで。10年間のエロ遍歴を綴った爆笑コラム集。

●好評既刊
40歳を過ぎたら生きるのがラクになった
アルテイシアの熟女入門
アルテイシア

若さを失うのは確かに寂しい。でもそれ以上に生きやすくなるのがJJ（＝熟女）というお年頃。WEB連載時から話題騒然！ ゆるくて楽しいJJライフを綴った爆笑エンパワメントエッセイ集。

●好評既刊
離婚しそうな私が結婚を続けている29の理由
アルテイシア

やっと結婚できたと思いきや、母の変死、父の自殺、弟の失踪、借金騒動、子宮摘出と波乱だらけ。でもオタク格闘家夫との毎日で「生きててよかった」の境地に。大爆笑の人生賛歌エッセイ。

●最新刊
老いる自分をゆるしてあげる。
上大岡トメ

老化が怖いのは、その仕組みを知らないから。骨、筋肉、細胞で起きること、脳と感情と性格の変化、生殖機能がなくなっても生き続ける意味。自分のカラダが愛しくなるコミックエッセイ。

幻冬舎文庫

●最新刊
私がオバさんになったよ
ジェーン・スー

わが道を歩く8人と語り合った生きる手がかり。考えることをやめない、変わることをおそれない、間違えたときにふてくされない。オバさんも悪くないね。このあとの人生が楽しみになる対談集。

●最新刊
恋はいつもなにげなく始まってなにげなく終わる。
林　伸次

燃え上がった関係が次第に冷め、恋の秋がやってきたと嘆く女性。一年間だけと決めた不倫の恋。女優の卵を好きになった高校時代の届かない恋。バーカウンターで語られる、切ない恋物語。

●最新刊
一度だけ
益田ミリ

夫の浮気で離婚した弥生は、妹と二人暮らし。ある日、叔母がブラジル旅行に妹を誘う。なぜ自分でなく、妹なのか。悶々とする弥生は、二人が旅行中、新しいことをすると決める。長編小説。

●最新刊
日本全国津々うりゃうりゃ仕事逃亡編
宮田珠己

仕事を放り出して、今すぐどこかに行きたいじゃないか！　流氷に乗りたいし、粘菌も探したいし、ママチャリで本州横断したい。でも、気合はゼロですぐ脇見。〝怠け者が加速する〟へんてこ旅。

●最新刊
あたしたちよくやってる
山内マリコ

年齢、結婚、ファッション、女ともだち――いつの間にか自分を縛っている女性たちの日々の葛藤を、短編とスケッチ、そしてエッセイで思索する34編。文庫版特別書き下ろしを追加収録！

フェミニズムに出《で》会《あ》って長《なが》生《い》きしたくなった。

アルテイシア

令和3年8月5日　初版発行

発行人――石原正康
編集人――高部真人
発行所――株式会社幻冬舎
〒151-0051東京都渋谷区千駄ヶ谷4-9-7
電話　03(5411)6222(営業)
　　　03(5411)6211(編集)
振替00120-8-767643
印刷・製本―中央精版印刷株式会社
装丁者――高橋雅之

幻冬舎文庫

ISBN978-4-344-43108-9　C0195　あ-57-5

幻冬舎ホームページアドレス　https://www.gentosha.co.jp/
この本に関するご意見・ご感想をメールでお寄せいただく場合は、
comment@gentosha.co.jpまで。